국기에 대한 맹세

"나는 자랑스러운 태극기 앞에
자유롭고 정의로운 대한민국의
무궁한 영광을 위하여
충성을 다할 것을 굳게 다짐합니다."

## 그대 가슴에 태극기를 품었는가?

작가
태극기선양
운동중앙회
회장황선기

**온 국민 태극기 앞에 하나가 되면 나라가 더욱 발전하고 행복해진다**

## 피로 태극기 그리기 행사 (2010. 10. 16)

황선기의 회갑날 일제 강점기 나라의 독립을 위한 선열들의 애국정신을 계승 발전시키기위해 5명의 동지들을 모아 태극기천과, 칼, 접시를 준비해 단지하여 흐르는 피로 혈염 태극기 그리기 체험 행사를 하였다. 애국선열들의 당시 고통을 조금이나마 이해해보려는 노력.

**92주년 3,1절 경축기념행사 날**_ 태극기선양운동중앙회 사무실에서 10인의 대한독립만세 혈서쓰기 다짐

앞, 좌로부터 권선출 밸리댄스, 강은혜시인, 박수정 가수, 김정은 가수, 방옥순 단장
뒷, 좌로부터 남궁우 님, 최종관 님, 곽규석 님, 서성식 님, 황선기 회장

제99주년 3·1절 행사 참석

# 국민계몽 태극기 전시회

서울 신세계백화점 명동본점

인천상륙작전기념관 태극기전시회

## 2008년 정부수립 60주년 및 3.1절 기념 태극기전시회

국회의원, 구청장, 각단체장, 시인, 마술사, 가수, 지역유지분들 참석

(사)태극기선양운동중앙회 임원 및 예술단원, 협조단체장님

## 태극기선양운동중앙회 홍보대사 위촉 및 태극기선양 유공자 표창

## 어린이 집 및 초, 중고 태극기 교육

2018년 10월 16일 — 오늘의 태극기 교육

전국 어린이 초.중.고.대학생 웅변대회
주최~사)태극기선양운동중앙회

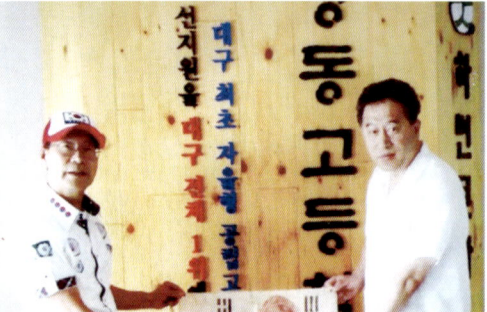

전국 어린이.초.중.고.대학생 웅변대회

2018년 7월 14일 —수원 야외음악당 6백여명 참석

인천계양구 계양3동 무지개어린이집

나라사랑 태극기교육

태극기 그리기대회
작품 심사중

# 태극기선양운동중앙회 고문·자문위원 위촉장 수여 및 유공자 표창패 전달

## 대한민국 국가상징 선양사업 활성화를 위한 정책 토론회

국회의원 한나라당 김소남의원님과 태극기선양운동중앙회 회원들과 함께한 정책토론 태극기 전시장에서의 기념사진

태극기선양운동중앙회 활동

## 태극기 달기캠페인

사) 태극기선양운동중앙회
노용구.차양심.이승진.최성자.이은
전순덕.김정옥.배건해.안윤기.황선

## 3·1절 100주년 시화전 개최

# 국내 최초 지하철 전동차에 유정복 인천광역시장과 함께 태극기 달기 행사

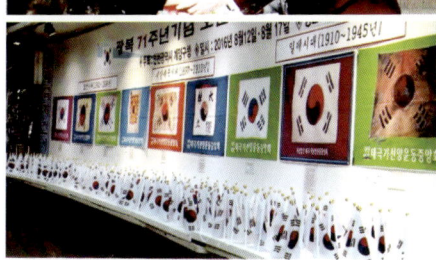

# 황선기 회장의 회갑연 책 출판 및 음반발표회(2010. 10월 16일)

## 태극기 선양 교육 홍보 추진사업 내역 및 개천절 행사

국기달기로 **나라사랑**
국경일 전가정 전직장 국기달기 운동추진

태극기선양운동중앙회 **태극기 선양 교육 홍보 추진사업 내역**

① 전가정, 전직장 태극기 보급운동 전개
② 국경일 태극기 선양 유공자 표창 및 태극기 게양 캠페인
③ 태극기 선양 예술단의 공연
④ 학생 태극기 그리기 대회 개최
⑤ 관공서, 기업체, 학교, 각종단체 태극기 강의
⑥ 군부대, 요양원, 교도소 위문공연 등 행사실시
⑦ 태극기 선양 전국 웅변대회 개최
⑧ 국민계몽 태극기 선양전시회 개최
⑨ 태극기를 휘날리자 노래 CD제작, 보급
⑩ 태극기 홍보책자 발행, 보급
⑪ 시, 군별 대형국기게양대 설치 홍보 (2개/년)

현 태극기 - 시·군·구청 및 읍·면·행사부스에 설치 돼 있음

사무실·학교·유치원·학원 교실의 벽면 게시용

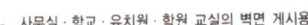

태극기를 더욱 소엄하게 태극기를 더욱 아름답게
태극기를 더욱 진로감 있게

백두산천지에 태극기 휘날리다 **백두산 천지**

가수 **황선기** 시인

제4341주년 개천절기념 사)태극기선양운동중앙회 주최 경축행사에 참석, 태극기달기 캠페인
좌로부터 신중균 인천향교회장, 이주열 한국청소년문화재단 이사장, 이강부 한국청소년문화재단 전국회장
박동배 인천광역시교육청장학관, 김실전 인천광역시 교육위원, 황선기 태극기선양운동중앙회장, 김영태 인천시교육위원

# 태극기 한복 모델대회 및 72주년 광복절 행사

## 해외에서의 태극기선양 활동

중국 충칭 - 대한민국임시정부 청사견학
2019년 4월 4일

주최 — 인천시립박물관
太極旗
2020. 09. 28 - 10. 04
인천시립박물관 1층 갤러리 한나루

태극기의 유래와 담긴 의미를 설명하는 태극기박사 황선기 회장
인천시립박물관

대한민국 역사와 함께 변천한 애국혼이 숨쉬는 실물 태극기전시회
인천시립박물관

대한민국 역사와 함께한 소중한 태극기
인천시립박물관
(사)태극기선양운동중앙회

## 조선 고종황제시절 예산군에 세워진 태극문양 애민 선정비

조선 고종황제시절 공로비
예산현감/현군수/이순응
애민선정비
부임/1885년 이임/1887년
1887년건립

조선 고종황제 시절 태극문양 공로비
백성을 사랑하고 교육에 이바지한 공로비
예산현감/현군수~이시우
애민흥학선정비
재임:1887년~1888년
건립:1889년추정

조선시대

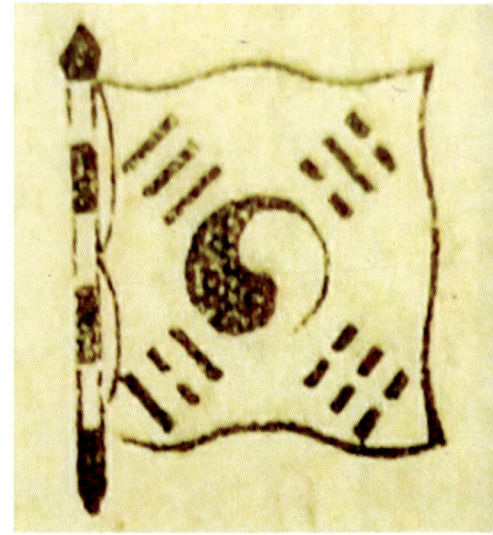

1899년 5월 16일자 독립신문에 그려진 태극기
1896년 4월 7일창간 우리나라 최초의 순한글신문

## 황선기 회장, 태극기 홍보 활동

## 33년 전 월간조선과 신동아 4월호에 수록된 모습

### 33년전 황선기

33년전 월간조선과
신동아에 4월호에 새겨진
태극기선양운동가 황선기 모습

오늘도 국민 모두의 행복을 기원합니다

# 2013년 태극기선양전시회 개최

2010년 태극기선양운동중앙회 사무실에서 회원들
온국민 대한민국의 상징 태극기 앞에 하나가 됩시다

사) 태극기선양운동중앙회

주최 : 사) 태극기선양운동중앙회
후원 : 인천광역시 인천광역시교육청
장소 : 인천종합문화예술회관
장소: 인천계양구청 갤러리

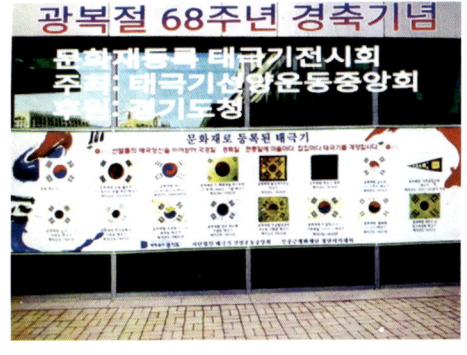

광복절 68주년 경축기념
문화재등록 태극기전시회
주최: 태극기선양운동중앙회
후원: 경기도청

황선기 회장
KTV 방송국
아름다운당신
방송촬영 장면

태극기달아주기행사

# 태극기의 날 제정을 위한 대한민국 국기법 개정 설명회

## 태극기 교육 황선기 회장

## 현충원 참배

# 현충원참배

울릉도와
독도에서
독도는
한국땅 공연

태극기사랑은나라사랑입니다

## 황선기회장의 나라사랑운동

중국 충칭 ~ 임시정부청사방문
태극기교육원 원장 가수―시인

2021년 신축년 / 황선기

나라사랑!!
태극기사랑!!

회원 여러분 신축년 새해
온 가족과 함께 건강 하시고
소망한 모든 일들이 아름답게
성취되고 행복하시길 기원합니다

## 태극기선양운동중앙회 우수회원 장관 및 광역시장 표창

관 표창장 홍보이사 성다빈(영상작가), 예술단장 박근수(노래강사)
천광역시장의 표창장 단장 박옥순, 가수 박수정, 부회장 성기화

황선기 회장-유공자 황선봉 예산군수 및 인일 효요양원
성기화 원장에게 표창장 수여

## 대한민국 상징 무궁화꽃

무궁화는 우리 민족의 꽃이며 대한민국의 국화라는 것을 누구나 다 알고 있을것입니다. 한 나라의 상징으로서 온 국민들이 한결 같이 사랑하는 꽃이나 식물을 국화(國花) 곧 나라 꽃이라고 합니다. 무궁화의 내역을 알아보면 우리의 옛 조상들은 우리 한반도를 근역(槿域) 또는 근역향(槿域鄕)이라 불려왔습니다.
고대 중국 전국시대 지리서인 산해경에도 君子國一有薫華草朝生暮死라 하여 (훈화초는 궁궁화로서 군자의 나라에는 무궁화가 있어 아침에 피고 저녁에 진다고 기록되어있으며 동경잡기(東京雜記) 제1권 풍속조항에는 당 태종이 김춘추에게 신라는 군자국이라 하였으며 해동역사 1권 동이총기(東夷總記)에도 당현종(唐玄宗)이 신라를 군자국이라 하였으며 고려 예종 때에는 자국(自國)을 근화향이라 칭하였습니다.

### 국화로 정하기 까지의 배경

일제시대 우리나라에도 신문화가 들어 옴에 따라 서양인들의 왕래가 빈번하였다. 1930년대 당시 선각자였던 윤치오선생등의 발기로 양악대가 조직되어 애국가를 창작하고 애국가의 후렴에 무궁화 삼천리 화려강산 이라는 귀절을 넣으므로 무궁화는 조선의 국화가 되었다는 기록이 있다.
한편 남궁억선생이 한말(韓末) 경북 칠곡 부사로 있을때 윤치호선생과 상의한 후에 국화로 정했다는 기록도 있다 일제시대 국사도 배울수 없고, 국기도 볼수 없으며 국가도 부를수 없었던 일제하에서 오로지 무궁화 만이 해마다 자라고 꽃을 피워 우리 민족으로 하여금 한국민임을 자각하게 하고 또한 조국 독립을 염원케 하였던 것이다. 한성 신문 창간자 남궁억 선생은 배화학당 선생으로 재직시 여학생들을 지도하여 명주에다 우리나라 지도를 그려놓고 각도마다 한송이씩의 무궁화를 수놓게 하여 애국심을 가르치고 고취시켰다.
이른 아침에 청하하게 피었다가 저녁이면 시들어 떨어지기는 하지만 7월부터 10월까지 근 백일동안 피고 지고 계속해서 피어나는 개화 습성은 우리 민족에게 불휴불식(不休不息)의 독립정신과 희망을 불어 넣었던 것이다.

## 태극기와 무궁화

작가 황선기

황선기

## 대한민국 상징 깃봉

게양대의 깃봉은 황금색, 무궁화꽃받침 5편이 있어야한다.

## 애국시는 국민들의 가슴에 나라사랑 정신

**무궁화**

세상에서 가장
아름다운꽃 무궁화!!
너의 모습이 더욱
아름답게 보이는것은
나를 비롯한 대한민국
국민 모두가 너를 뜨겁게
사랑하고 있기때문이다.

2019년 7월 21일
태극기사랑 황선기

**작 가**

태극기교육원 원장
태극기선양회 회장
가 수, 풍경시인

## 독립운동가

중국 충칭 ~ 임시정부청사방문
태극기교육원 원장 가수—시인

# 태극기선양운동중앙회 임원

| | | | | | | | | |
|---|---|---|---|---|---|---|---|---|
| 운영 김 평 | 운영 김해룡 | 운영 김현설 | 운영 김흥근 | 운영 나미애 | 운영 노리코 | 운영 노용구 | 운영 박경수 |
| 운영 박경애 | 운영 박소정 | 운영 박숙자 | 운영 박승재 | 운영 박옥임 | 박장옥(박명숙) | 운영 박종래 | 방옥순(MC) |
| 운영 배건해 | 운영 백영덕 | 운영 백용찬 | 운영 보리나 | 운영 손종수 | 운영 송영숙 | 운영 신인천 | 운영 신현숙 |
| 운영 심우종 | 운영 안숙화 | 운영 안윤기 | 운영 안중태 | 운영 엄경숙 | 운영 엄지연 | 온사랑(MC) | 운영 우정헌 |
| 운영 유가성 | 운영 유키고 | 운영 이귀순 | 운영 이백배 | 운영 이선화 | 이수구영상사진 | 운영 이영웅 | 운영 이은이 |
| 운영 이진현 | 운영 임동학 | 운영 임상진 | 운영 장성철 | 운영 장윤숙 | 운영 정동환 | 운영 정소라 | 운영 정진출 |
| 운영 정창영 | 운영 정해정 | 운영 조부호 | 운영 차양심 | 운영 최성자 | 운영 최수연 | 운영 하옥이 | 운영 한애톡 |
| 운영 함춘근 | 행복이영상작가 | 운영 홍비가수 | 운영 홍주표 | 운영 황만섭 | 운영 황미정 | 운영 황원자 | |

(사)태극기선양운동중앙회 · 창간호

# 태극기선양문학

회장 **황선기** 엮음

■ 목차                    (사)태극기선양운동중앙회 · 창간호

**발간사**_황선기    태극기선양문학 창간호를 발간하며 · 41
**추천사**_황우여    태극기 선양에 청춘을 바친 사람 · 43
**추천사**_함기철    흰색은 순수·평화사랑을 상징 · 44
**축　사**_손해일    생각을 행동으로 옮기는 선진사회 · 46
**축　사**_이상헌    태극기 선양운동 50주년을 맞아 · 48
**축　사**_정기용    대한민국 국기 태극기 선양운동 50주년 · 49
**축　사**_지은경    태극기 운동 반백년에 창간호를 내다 · 50
**축　사**_최영숙    태극기를 위해 바친 인생 50주년 · 52
**축　사**_임부희    노래 하나로 느끼는 태극기 단상 · 53
**축　사**_박종래    태극기선양운동 50주년을 축하하며 · 55
**축　사**_서필환    태극기를 가장 사랑하는 열정의 사나이 · 56
**축　사**_이대일    태극기 홍보에 미친 황 회장 · 57
**축　사**_이점수    평생을 바쳐 태극기 선양운동하신 분 · 58

태극기선양문학

태극기 선양에 청춘을 바친 사람
**황선기 회장의 역사 편**

    1 사재를 털어 50년을 태극기에 봉사하다 · 62
    2 황선기의 TV 방송 및 라디오 방송 출연 프로 · 71
    3 태극기 선양 전시회 100회 시행 · 73
    4 태극기의 연혁 요약 · 74
    5 태극기의 내력 · 75
    6 태극기에 담긴 뜻 · 77
    7 국기에 대한 맹세 · 78
    8 태극기 정신 결의문 · 80
    9 국민계몽 태극기 선양 전시회 개최 목적 · 81
    10 태극기 전시회 개최에 즈음하여 · 83
    11 태극기 강의 주요 내용 · 85
    12 태극기를 알면 인생의 노후가 행복해진다 · 87
    13 태극기는 대한민국의 상징 · 91
    14 태극기를 이해하는데 좋은 역사 이야기 · 92
    15 임오군란 후 제물포조약 · 93
    16 수신사 박영효가 일본에서 사용한 태극기 모습 · 95
    17 고려 국기 · 96
    18 태극기의 올바른 이해 · 97
    19 일본의 만행과 조국의 광복 · 100
    20 태극기 그려보기 체험 · 102
    21 태극기박물관 추진 배경 · 104
    22 태극기박물관 취지문 · 108
    23 태극기박물관의 인천 건립 동기 역사성 · 109

24 태극기박물관 운영세부기획 · 110
25 태극기박물관 관리 운영계획 · 112
26 태극기선양 유공자 표창 · 119
27 태극기선양 유공자 표창 발굴 표준 · 120
28 대한민국의 상징 무궁화꽃 · 121
29 황선기의 무궁화꽃 관찰과 정부에 건의사항 · 122
30 무궁화의 영어 명칭과 무궁화의 최초 한글 표기 · 123
31 깃봉의 연혁과 변천 모습 · 124
32 3·1절 제100주년 경축행사 개회사 · 126
33 국기법 제정 시행 경축사 · 128
34 국회에 보낸 국기법 발의안에 대한 답신 · 130
35 부친 황규학님의 훈장생활과 문화예술 활동 · 131
36 황선용 큰형님의 은혜 · 132
37 예술인의 생명은 영원하다 · 133
38 기독교인이든, 불교인이든, 천주교인이든 · 134
39 한국교회의 전래와 예수그리스도인의 애국심과 독립운동 · 135
40 「달」나라에 다녀온 태극기 중요 사연 · 136
41 국기에 대한 벌칙 · 137
42 태극기전시회의 인기 관람 · 138
43 애국혼이 숨 쉬는 태극기 선양전시회 · 140
44 국기에 대한 맹세 개정 홍보와 국경일 국기게양 홍보 · 143
45 평양에 휘날린 태극기 · 145
46 9·28 서울 수복 중앙청 태극기 게양 · 146
47 황선기의 군 생활 3년 · 147
48 황선기의 태극기 선양 활동 · 148
49 태극기 교육 부산 지방경찰청 · 149
50 군부대 태극기 교육 · 150

51 학교 및 어린이집 태극기 교육운동 전개 · 151
52 태극기 전시회 작품 · 152
53 방송 출연 태극기 교육 및 홍보 · 154
54 3·1절 및 8·15 광복절 재현 행사 · 157
55 황선기의 문학 활동 · 160
56 전국웅변대회 개최 · 165
57 요양원 · 군부대 위문공연 · 167
58 대통령 및 장관 표창장 수상 · 169
59 임시정부 규정 태극기 · 172
60 경주시 월성군 소재 감은사지 태극문양 · 174
61 개성에 있는 고려 공민왕릉 · 175
62 114년 전 선조님들의 국기게양 · 176
63 국경일 경축기의 게양은 이렇게 · 177
64 태극기 홍보 이미지 사진 · 178
65 송영길 인천광역시장과 이성만 의회의장과 함께 · 179
66 유정복 인천광역시장과 의회의장, 교육감 · 180
67 태극기선양운동중앙회 각종 개발품 · 181
68 국경일 태극기 게양 홍보 · 182
69 태극기 선물주기 운동 추진 · 183
70 백두산에 심은 태극기 · 184
71 대형 국기게양대 설치 운동의 선구자-황선기 회장 · 185
72 가장 오래된 태극기 발견 · 186
73 88서울올림픽과 2002 월드컵 경기 시 온 국민 하나 되다 · 187
74 황선기 회장의 사진 작품 활동 · 188
75 대한민국 태극기 선양운동의 주역 · 190
76-1 황선기 회장 태극기홍보 이미자 사진 · 191
76-2 대한민국 국가 상징(애국가 · 나라문장 · 국새) · 194

77 예술인들의 태극기 사랑 · 195
78 삼일절 99주년 행사에 참여한 회원들 · 196
79 삼일절 100주년 기념식 행사 개최 · 197
80 태극기 달아주기 행사 · 198
81 대한민국의 상징 · 199
82 태극기 전시회 행사 태극기선양 모델 · 200
83 가수활동으로 태극기 선양하다 · 201
84 도전 한국인상 국방부장관상 수상 · 203
85 광복 71주년 기념식 행사에서 · 205
86 선린총동문산악회 외 태극기 나눠주기 행사 · 206
87 대한민국 국기법 · 208
88 태극기선양활동 신문보도 · 243
89 황선기 회장의 태극기 홍보 노래 · 253

## 회원시

민영욱 태극기 사랑 · 260
지은경 태극기가 펄럭입니다 · 262
박영대 무궁화 핀다 · 263
강은혜 태극기여 영원하라 · 264
김도연 유자 외 2편 · 266
김승범 영원하라 무궁화여 외 2편 · 269
김애란 노랑 무궁화 외 2편 · 272
김정희 너를 위해 외 2편 · 275
김 평 태극 물결이여! 영원하라 외 2편 · 278
김현철 여수아리랑 외 2편 · 281
박숙자 인왕산 외 2편 · 284

박안혜 아침에 나라 외 2편・287
박종규 한강물 다시 흐르고 외 2편・292
배건해 기미년 삼월 일일 정오 외 2편・295
배정규 꿈 외 2편・300
배종숙 열정 외 2편・303
보리나 광복절 외 2편・307
서비아 가을 햇살 외 2편・310
석정희 태극기 외 2편・314
손영란 친척 오빠는 외 2편・317
심우종 가을 이별 외 2편・320
안중태 순국선열님께 드리는 추모 헌시・323
오경심 귀갓길 외 2편・325
유가성 초롱불 외 2편・328
이경렬 코로나 인생 외 2편・331
이범동 새롭게 산다는 것은 외 2편・334
임동학 하늘 꽃 외 2편・337
장윤숙 비상 외 2편・340
정근옥 회룡포에서 외 2편・344
정세현 금수강산 외 2편・347
정해정 날마다 좋은 날 외 2편・350
하옥이 강물이 하나이듯 외 2편・354
홍순옥 겨레의 숨결 외 2편・356
황선기 태극기 외 2편・359
황옥례 코로나에 피멍들다 외 2편・362

## 수필

김만길 민초가 설 곳은 어디인가 · 366
남정우 나라꽃 무궁화 · 369
박소정 인사동 도슨트 · 373
장해익 건청궁의 비명소리 · 375

## 태극기선양문학회 현황

태극기선양문학회 임원 명단 · 380
태극기선양운동 50주년 기념집과
태극기선양문학지 발간 축하 · 381
사)태극기선양운동중앙회와 함께한
　　　인기 트로트 가수 및 민요 국악인 · 384
태극기선양운동 중앙회 50년 기념 및
　《태극기선양문학》 창간호 출간을 축하 · 386
황선기 회장의 약력과 연혁 · 387

■ 발간사

태극기선양문학 창간호를 발간하며

황 선 기
(태극기선양문학회 회장)

　유수와 같은 세월이 흐르고 흘러 태극기선양 봉사활동을 해온 지가 50년이 되었습니다. 미력하지만 국가와 민족에 봉사하겠다는 의지로 시작한 것이 제 나이 70이 넘었습니다.
　태극기는 대한민국의 주권과 존엄을 상징하는 소중한 깃발입니다. 국기 게양률이 부끄러울 정도로 저조합니다. 국가의 경축일에는 관공서와 단체, 직장, 가정마다 태극기를 게양하는 것은 국민 된 도리로서 반드시 지켜야 됩니다. 태극기에 담긴 자유와 평화, 화합, 창조, 번영의 의미를 알고 태극기 앞에 하나가 될 때 나라가 더욱 발전할 수 있으며 세계를 리드하는 국가로 거듭날 것입니다.
　우리나라는 근래 100여 년 사이에 국기인 태극기를 두 번이나 빼앗긴 불행한 경험이 있습니다. 첫 번째는 1910년 한일합병으로 일본에게 국기를 빼앗겨 일장기를 게양해야 했으며, 두 번째는 1950년 북한의 남침으로 서울, 인천, 경기도, 강원도, 충청도, 전라도, 경상도 일부 지역에 태극기가 내려지고 인공기(북한국기)가 관공서와 주요 요소에 게양되었습니다.
　국기는 국가와 공동운명체이며 국민의 생명과도 같은 것입니다. 우리의 선열들은 나라의 독립을 위해 비밀리에 태극기를 만들었으며, 동족상잔의 비극 6·25동란 때에는 우리의 충용한 국군과 유엔군 수백만이 태극기를 가슴에 품고 나라를 위해 쓰러져갔습니다.
　국민 여러분!
　저는 태극기선양운동 50주년을 기념해 태극기에 대한 올바른 이해를 돕고자 태극기에 대한 모든 것을 이 책에 수록하였습니다. 또한 1988년부터 제가 작사한 노랫말들이 수록되어 있으며, 2010년 저의 회갑 때 발표한 노래 '태극기를 휘날리자'를 비롯한 여러 곡을 발표하였습니다.

이 책을 통해 태극기에 대한 인식변화와 국민통합을 기원합니다. '태극기사랑', '나라사랑' 등 자연을 사랑하는 마음으로 시문학에 귀를 기울여 2019년 '3·1절 100주년기념' 인천광역시 계양구 계양구청 갤러리에서 첫 '태극기시화전'을 개최하였습니다. 이때 수백 명의 유명 시인과 인사들이 다녀갔으며, 2020년 '광복절 75주년'엔 인천대공원에서 50여 분의 시인이 시화전에 참여하였습니다.

본 <태극기선양운동중앙회>는 1988년 1월 16일 서울 명동 YWCA 강당에서 창립하여 2007년 3월에 행정안전부에 사단법인으로 등록하였습니다. 본회는 창립 이래 애국선열들의 얼이 숨쉬는 태극기전시회, 태극기 달아주기, 태극기그리기, 어린이·학생·일반인 전국웅변대회를 개최하였습니다.

3·1절 · 광복절 재현, 피로 태극기그리기, 피로 대한독립만세 쓰기, 각종 태극기게양운동 캠페인공연, 시낭송 및 시화전 등을 개최해 왔습니다. 코로나로 인한 정국 불안이 해소되는 대로 태극기선양운동 활성화를 위해 가수 회원들의 태극기홍보 공연과 문학 예술인들의 나라사랑에 빛이 되는 시와 수필, 소설, 시조 등 폭넓게 수용하여 창작 문학을 활성화하기 위하여 이번에 <태극기선양문학회>도 발족하였습니다.

이 책이 널리 보급되어 태극기에 대한 이해에 도움이 되고 국가와 국민의 빛이 되도록 노력하겠습니다. 많은 분들의 관심과 사랑과 참여를 당부드립니다.

2021년 1월 30일<br>
사단법인 태극기선양운동중앙회 회장<br>
가수시인 황 선 기

■ 추천사

태극기 선양에 청춘을 바친 사람

황 우 여
(전 국회의원·전 교육부 장관)

　반세기의 기나긴 세월 동안 자기 가정보다도 국가를 위해 가슴에 심은 애국심으로 대한민국의 상징인 태극기를 선양하고자 50년 동안 청춘을 다 바치고 그것도 모자라 칠십이 넘은 지금까지도 열정으로 태극기선양운동에 앞장서 오고 있는 인물이 있어 화제가 되고 있다.
　바로 그 사람은 이 책의 저자인 황선기 씨다.
　황선기 씨는 20세의 총각 시절부터 국민들이 소홀히 취급해왔던 태극기에 대해 가슴 아파하며 소중함을 인식하고 태극기는 바로 대한민국이라는 나라의 소중함과 존엄, 주권의 상징임을 깨닫고 -일제강점기에 관공서와 가정에서 태극기가 게양되지 못하고 일장기가 게양되었으며 특히 손기정 마라톤선수가 1932년 베를린올림픽에서 우승을 하였을 때 가슴에 태극기 대신 일본 국기를 달고 시상대에 올라섰다는 부모님의 말씀은 어린 황선기에겐 충격 중 충격이었던 것이다. 이것이 바로 나라 잃은 서러움이며, 태극기는 바로 국가이며, 국민들의 생명이며 자유며 주권이라는 것을 가슴깊이 되새기고 태극기선양운동에 앞장서 왔다.
　금번 태극기선양운동 50주년기념으로 그동안 추진해온 일들과 태극기의 유래와 의미 -태극기 해설 -올바른 제작방법과 게양방법 관리방법 등 다양하게 내용을 수록 국민들이 태극기를 이해하는데 큰 도움이 될 것으로 사료된다. 또한 사십여 명 시인들의 애국시와 수필까지 수록돼있어 훌륭한 문학지로 창간, 앞으로 문학의 발전에도 크게 기여하리라 믿으며 장차 국민들의 애국심의 전당이 될 태극기박물관 건립의 꿈도 꾸고 있다. 국민들의 나라사랑 태극기사랑에 큰 도움이 되리라 믿어 의심치 않으며 이 책이 학생 및 일반 국민들에게 널리 보급 읽혀지기를 바라며 추천하는 바입니다.

■ 추천사

## 흰색은 순수 · 평화 · 사랑을 상징

함 기 철
(신한서재능경력대학원 이사장 · 한서대학 설립자)

국기는 그 나라와 민족의 정신적 정체성을 극명하게 드러낸다. 그것도 아주 극명하게 징표徵標한다. 우리나라 국기도 예외가 아니다. 그런데 우리나라 국기는 흰 바탕이 유난히 드러나 보인다. 백의민족에 평화를 사랑함을 징표했음일 것이다. 이타利他적 사랑의 징표다.

우리 역사가 오늘날까지 크고 작은 침략이 1천여 회에 달했다고 한다. 5천여 년의 역사가 그것을 증명하고 있다. 흰색은 평화를 나타낸다. 전쟁을 하다가도 백기白旗를 들고 나오면 겨누던 총부리를 거두고 싸움을 멈춘다.

올해는 흰소白牛해다. 어느 해 보다 평화롭고 사랑이 넘치는 한해가 되길 기대한다. 선거가 있으니 너 죽고 나 살자가 아닌 상생相生의 선거가 됐으면 좋겠다.

태극기太極旗가 탄생된 지 어연 139년(1882년 '고종19'5월22일 첫 사용)이 되었다. K-POP이 세계적으로 폭발적인 인기를 누려 태극기도 더불어 대한민국을 상징하는 세계적인 심볼symbol이 되었으리라.

태극기 한가운데 태극문양은 음陰(파랑)과 양陽(빨강)이 조화롭게 이뤄지는 것을 파랑색과 빨강으로 나타내고 있다. 이는 음과 양의 상호작용에 의해 우주만물이 생성되며 발전하는 대자연의 섭리를 상징한다.

태극기의 건·곤·감·리는 4괘마다 각자 뜻이 있는데 건乾괘는 남쪽과 하늘 여름이고 곤坤괘는 북쪽과 땅, 그리고 겨울이며, 감坎괘는 서쪽과 월, 물과 가을, 그리고 리離괘는 동쪽과 해와 봄을 그리고 불을 상징하고 있다. 4괘의 색깔은 검은색으로 그리며 각 3~6개로 개수가 달라서 그리거나 설명할 때 종종 헷갈릴 때가 있다.

흰바탕 왼쪽 위 귀퉁이에 3개의 양효로 건괘, 바로 아랫부분에 중앙에 음효 양옆 2개가 양효로 리괘, 오른쪽 윗부분엔 감괘로 중앙에 양효 양옆에 음효, 아래쪽엔 곤괘로, 음효로만 3개, 건→곤→감→리 순대로 그리면 혼돈방지가 가능하다.
  농경민족인 한민족은 집에 대한 애착이 남다르다, 집을 마련하면 문패를 단다. 누구의 것이란 의미다. 나라에도 상징이 필요하다. 국기(태극기)다. 대한민국의 국기는 세계 어느 나라 국기보다 돋보이고 아름답다. 반세기를 태극기선양운동에 열정을 쏟는 황선기 회장님의 자랑스런 태극기맨이 되었음을 축하합니다.
  그리고 이 책은 태극기에 대해 이해하기 쉽도록 유래와 담긴 의미 그리고 그리는 방법과 올바른 게양방법 관리방법 등을 자세히 수록되어 있고 시인들도 40여 명 참여 애국시가 많이 수록돼있어 애국심 고취에 이바지할 책으로 배우는 학생들과 국민 누구나가 읽어야 될 책으로 생각되며 〈태극기선양문학〉 창간호를 축하하며 특히 이 책은 황선기 회장 50년의 태극기 역사가 담겨 있으므로 태극기를 이해하거나 존엄성과 애국심 함양에 기여하리라 믿으며 감히 추천하는 바입니다.

■ 축사

## 생각을 행동으로 옮기는 선진사회

손 해 일
(시인·국제PEN한국본부 이사장)

　코로나19 창궐로 인해 인류는 지금 나라마다 문을 잠궈 마음껏 교류하지 못하는데다 많은 인명피해도 발생하고 있습니다.
　지구상에서 가장 지혜로운 호모사피엔스는 20만 년 동안 혹독한 대자연의 변화 속에서도 적응을 잘하여 오늘날까지 살아남았습니다. 그 후예인 현생인류가 바이러스에 잠시 움츠러들고 있지만, 개구리가 높이뛰기 위해 몸을 낮추듯이 이 위기가 기회의 터닝포인트가 될 수 있도록 새로운 변화의 물결을 주시해야 할 것입니다.
　인간은 최고에 도달하고자 하는 도전정신이 있어 오늘날과 같은 과학문명을 발전시켜 왔습니다. 앞으로 코로나의 미래는 인공지능시대를 더욱 과속화 할 것입니다. 고독한 시간을 즐기는 문인들은 소통 불편의 시대에 오히려 밀린 작품을 쓰고 개인 단행본들을 부지런히 출간하고 있습니다. 이러한 때에 <태극기선양문학회>도 새로운 문학지 창간호를 준비하고 있다니 경하드립니다.
　우리나라 국기인 태극기를 모르는 사람은 없습니다. 그러나 태극기를 그리라고 하면 제대로 그리는 사람은 생각보다 많지 않습니다. 태극기의 팔괘 문양과 오묘한 철학이 단순하지 않기 때문입니다. 더욱이 태극기의 역사를 제대로 아는 분은 더 적을 것 같습니다.
　'태극기선양운동중앙회'의 황선기 회장은 50년 동안 태극기 바로 달기, 태극기 바로 그리기, 태극기 역사 알리기, 태극기 게양대 세우기 등 태극기에 관한 여러 일을 시간과 돈을 아끼지 않고 사비를 들여가며 반백년이나 했다는 사실이 놀랍기만 합니다.
　현대사회는 개인의 이해관계로 성공과 실패의 부침이 심합니다. 애국이 거창한 것 같지만 사실은 작은 것부터 시작됩니다. 도로 한 가운데 떨어진 박스 하나 치운다던가, 미끄러운 빙판에 소금이나 모래를 뿌리는 것도

다 애국입니다. 그러나 머리로는 누구나 생각하지만 행동으로 옮기는 사람은 많지 않습니다. 황선기 회장은 잘못된 것을 그냥 지나치지 않고 행동으로 실천한, 그것도 50년 동안 애국시민으로 산 이 시대에 꼭 필요한 분입니다.

현대사회는 장르를 초월해 서로 협동하고 융합해 상생하는 사회입니다. 애국하는 마음으로 '문학지'를 새로이 창간한다니 기대가 큽니다. <태극기 선양문학> 창간을 거듭 축하드리며 이 시대에 꼭 필요한 문학지로서 아름다운 결실을 맺기 바랍니다. 감사합니다.

■ 축사

## 태극기 선양운동 50주년을 맞아

이상헌
(방송작가 · 시인 · 칼럼리스트)

　황선기 회장의 태극기사랑·나라사랑 70여생 중 50주년을 맞아, 우선 태극기와 문학집 출간을 축하드립니다.
　황 회장은 총각시절부터 남다른 애국심을 가지고 전국을 두루 순회하면서 펼친 태극기에 대한 열정은 참으로 놀랍습니다. 태극기에 대한 예절과 게양방법 등 홍보를 위해 강원도 전방지역을 계몽할 때 식사도 10원짜리 '라면땅'으로 때론 물로 배를 채우기도 했습니다. 여름 장마를 만나 죽을 고비도 여러 번 넘겨가며 대국민 태극기홍보에 앞장서온 황선기 회장의 나라에 대한 충성심과 애국심은 참으로 남다르다 하겠습니다.
　직장생활을 열심히 하는 가운데에도 은행이나 관공서 출장 중 태극기가 거꾸로 게양된 모습을 발견하게 되면 사무실로 찾아가 바르게 게양하도록 설명과 함께 시정해 주기도 종용했습니다. 때론 전화를 걸어 잘못된 점을 지적하고 시정해 줄 것을 전달하기도 합니다. 태극기가 거꾸로 게양됐다는 소식을 듣고 황급히 옥상에 올라가 고쳐 달곤 했답니다.
　우리 집은 거의 국경일에 태극기를 게양해 왔지만 황 회장의 열정을 볼 때마다 앞으로 더욱 신경써야겠다는 생각을 합니다. 저는 수많은 노래 중에 늘 애국가만 부릅니다. 그것은 애국가가 4절까지 부르길 좋아서 입니다만 황 회장의 영향도 큽니다.
　황선기 회장의 50년 태극기선양 봉사활동에 경의를 표하며 앞으로도 추진하고 있는 '태극기박물관' 건립이 행정당국이나 독지가의 적극적인 협조로 잘 건립되어 후세들에게 국가관과 애국심을 심어주는 멋진 전당이 세워지길 소원합니다.

■ 축사

## 대한민국 국기 태극기 선양운동 50주년
-태극기 선양운동 50주년을 맞아서

정 기 용
(나라사랑한국문인협회 회장)

　태극기를 알리고 보급한 역사 50년을 맞아 태극기선양중앙회 황선기 회장님께 진심어린 축하를 드립니다.
　반백년의 50년 동안 태극기를 알리고 보급하며 희생적 정신으로 한결같이 온갖 고뇌를 무릅쓰고 태극기 선양에 앞장서서 활동한 황 회장님의 끈기는 역사와 민족 앞에 자랑스러운 한국임을 다시 생각하게 합니다.
　태극기는 우리민족의 주권主權과 명예名譽, 자존自尊, 생존권生存權의 상징 象徵입니다. 또한 대한민국의 얼굴입니다. 황선기 회장은 50년 동안 자나 깨나 외길 인생을 걸으면서 태극기를 사랑하고 전파하며 태극기를 아끼고 보급하며 살아왔습니다. 태극기를 사랑하는 마음이 애국하는 길이라고 마음먹고 태극기 선양에 앞장선 정신이 훌륭하고 자랑스럽습니다.
　오직 국가와 민족을 위하는 길이 태극기 사랑하는 뜻이라고 신념을 갖고 자신이 근무하는 직장도 나와 두메산골, 섬 등 전국 방방곡곡 돌며 사재를 털어 태극기 보급에 앞장서며 전시회를 갖는 등 남다른 열정을 보인 황선기 회장이야말로 진정한 애국자이며 대한민국의 보물입니다.
　언론사 KBS, MBC TV와 케이비에스, 엠비시, 라디오에도 출연하여 국기계양방법, 바르게 달기운동 등 대담을 가졌으며 전국을 순회하면서 전시회를 열어 누구도 못하는 열정을 보여 주었으며 이것만이 진정한 애국이라고 평소의 신념을 나타냈습니다.
　황선기 회장은 『태극기박물관 건립』이 '내 평생 꿈'이라는데 언젠가는 이루어지리라고 봅니다.
　국가의 상징인 태극기 사랑하는 마음이 애국하는 마음, 언제나 잊지 말고 계속 매진하여 태극기 선양이 계속 이어지기를 바라며 대한민국의 태극정신太極精神이 세계만방世界萬邦에 널리 떨치기를 소망하며 다시 한 번 50주년 행사를 풍성하고 아름답게 마무리하기를 기원합니다.

■ 축사

## 태극기 운동 반백년에 창간호를 내다

지은경
(시인·문학평론가·문학박사)

　지구상의 모든 나라는 평화를 꿈꿉니다. 그러나 역사를 돌아보면 인류는 침략과 전쟁으로 반인륜적이고 야만적인 행위를 서슴지 않았습니다. 우리나라는 5천년 역사에 936번의 외침을 당했습니다. 무수한 침략을 당하면서도 나라 지키기에 소홀하여 병자호란, 임진왜란으로 백성은 도망 다녔습니다. 결국엔 50여년 일본에 나라를 빼앗긴 것도 모자라, 부끄럽게도 동족끼리 3년간 피 흘리며 싸웠습니다.
　황선기 회장은 역사의식이 있는 분입니다. 투철한 주체적 역사의식을 내면화하여 '태극기사랑'으로 이어졌습니다. 반백년을 비가 오나 눈이 오나 오직 '태극기사랑'으로 이어져 나라를 지키겠다는 일념으로 살아온 것입니다. 누구나 옳은 일을 하자는 말은 하기 쉽지만 행동으로 옮기는 사람은 많지 않습니다. 황회장님은 태극기 달기, 태극기 그리기를 몸소 뛰어다니며 실천한 분입니다. 그의 인생관과 가치관을 보여주는 것입니다.
　황선기 회장은 태극기 박사입니다. 태극기 달기, 태극기 그리기, 태극기 게양, 태극기 역사 등 태극기에 대해 모르는 것이 있으면 그에게 물어보면 잘 가르쳐줍니다. '태극기선양활동' 50년사를 엮으면서 이분보다 태극기를 더 사랑하는 사람이 대한민국에 있을까 감탄할 뿐입니다.
　인간의 본질은 정신에서 나옵니다, 정신이 선하고 훌륭하면 삶도 선하고 훌륭하게 돼 있습니다. 정의와 용기는 바른 정신에서 나옵니다. 그의 정신은 정의롭고 공정하며 의협심이 있는 바른 심성의 소유자로서 이것만은 꼭 지켜야한다는 신념이 오늘 그를 '태극기지킴이'로 만든 것입니다. 그는 나라의 상징인 태극기는 주권이며 존엄이라고 생각하여 대한민국 국민이라면 소중히 받들어야 한다고 강조합니다. 태극기뿐만 아니라 '무궁화사랑'도 남다릅니다. 그의 모든 사진에는 무궁화를 캡쳐합니다.

우리나라 경제는 OECD 국가 중 11위로 선진국이라고 자랑하지만 안보는 세계 253개국 중 하위에 속합니다. 시리아, 아프가니스탄 난민들의 보트피플 신세를 보세요. 국가가 없으면 개인도 없습니다. 역사를 잊은 민족은 미래가 없다고 했습니다. 황선기 회장은 일찍이 가치 있는 일을 찾아 의미 있고 보람 있는 것을 위해 일 해온 분입니다. 사비를 들여가며 '태극기 바로 달기'운동을 누가 하라고 한다고 할 수 있겠습니까.
 '태극기사랑'은 '비폭력 평화운동'입니다. 우리나라는 수없이 외침을 당한 역사적인 아픔이 있습니다. 용광로보다 뜨거운 황선기 회장의 태극기 사랑에 우리 모두 함께 참여합시다. 여기에 문인들이 뜻을 모아 <태극기선양문학>에 힘을 실으니, 앞으로 '태극기박물관'이 건립되어 황선기 회장의 뜻이 꼭 이루어질 것을 기원합니다.

■ 축사

### 태극기를 위해 바친 인생 50주년

최 영 숙
(행복주는글로벌다문화 대표이사 · TOBS 한마음한소리 방송앵커)

<태극기선양운동중앙회> 황선기 회장님!
태극기를 위해 바친 인생 50주년을 진심으로 축하드립니다.

황선기 회장님의 태극기사랑 외길 인생!
그 누구도 흉내낼 수 없는 대한민국태극기를 전파해 오신 황선기 회장님! 나라를 위하는 마음으로 태극기의 중요성을 수많은 각종 행사를 통해 알리고 어린이부터 장년까지 국기에 대한 올바른 상식, 마음가짐, 국기의 중요성을 널리 전파해 오신 보기 드문 훌륭한 분이셨습니다. 태극기를 사랑하는 황선기 회장님의 큰 뜻은 역사에 기록될 것입니다.

50주년을 맞이하여 황 회장님의 외길 인생을 통해 얻은 교훈은 투철한국가관과 애국심에 우리들은 가슴 벅차고 행복합니다. 코로나19 괴질로 혼돈의 2020년을 보내고 2021년에는 정국의 혼돈과 여러 소식들이 남긴 여운에 우리들의 마음은 아직도 움츠려져 있는 것이 아닐까 걱정이 됩니다.

태극기 선양운동 50주년을 맞이하여 대한민국의 국민으로서 국기에 대한 하나의 가치로 자리 잡았습니다. 외길 인생 황 회장님의 희생과 봉사 정신이 보여주는 것이라고 생각합니다. 이러한 맥락에서 황 회장의 삶은 그 의미가 크다고 생각합니다. 앞으로도 황선기 회장님의 뜻이 태극기 역사를 뒤돌아보게 하며 태극기의 소중함을 일깨워주는 큰 뜻에 그 숨결이 길이 빛나기를 소망합니다.

끝으로 항상 건강하시고 꿈과 행복이 있는 나라, 자유대한민국을 태극기사랑 선양운동에 모두가 참여하여 함께 만들어갑시다. 감사합니다.

■ 축사

## 노래 하나로 느끼는 태극기 단상

임 부 희
(가수, 전 동국대학교 노래지도자과정 교수)

나는 직업이 가수이고 대학에서 노래지도자과정을 교육해 온 사람입니다. 존경하는 황선기 (사)태극기선양운동중앙회 회장님으로부터 태극기에 대한 단상을 부탁 받고 무얼 쓸까 망설이다가, 제 신분이 가수이며 제 해 온 일이 노래지도였으니 태극기 관련 노래 이야기로 풀어가는 것이 옳겠다는 생각을 했습니다.

저의 멘토Mentor가 되는 음악스승으로 김지평 작가님이 계십니다. 선생님의 작품 중에는 <당신의 마음>(방주연), <인생은 미완성>(이진관), <숨어우는 바람소리>(이정옥), <삼백초>(김상배), <먼훗날>(둘다섯, 김만수) 등 명작들이 있고, 제가 노래한 <천개의 얼굴> <포장마차 이야기>도 선생님 작품입니다. 선생님의 사랑받는 작품들 중 <건곤감리 청홍백>(현숙)이 있습니다. 이것이 태극기 노래로 제가 대학에 서 제자들에게 즐겨 가르치던 노래입니다.

　　건곤 감리 청홍백은 대한의 표상
　　이 세상 모든 이치가 그 안에 담겨 있는: 건곤 감리 청홍백은 대한의 자랑
　　창조 발전 자유 평등 무궁한 진리
　　건(三) 하늘의 영광 곤(루) 땅 위의 축복 감(루) 물의 생명 리(터) 불의 광명
　　태국기여 힘차게 날려라
　　피눈물로 지켜 온 깃발이여
　　우리 조상들의 넋의 날개여
　　자손만대의 승리의 날개여

외람되이 1절만 옮겨봤습니다. 원래 진리란 너무 깊고 오묘해서 답이 없다고 합니다. 태극기철학도 수학이나 과학이 아니니 마찬가지라 할 것입니다. 그 무궁하고 까다로운 태극의 이미지가 작가의 예술성과 만나 웅장한 애국혼을 불러일으키고 있습니다. 태극기에 감성이 있는 것처럼 의

인화하여 "태극기여 힘차게 날려라, 피눈물로 지켜온 깃발이여, 우리 조상들의 넋의 날개여, 자손만대의 승리의 날개여" 점증법적 외침으로 강한 호소력이 있습니다.
　태극기에 대한 일화가 있습니다. 6·25 때, 한 민가에 적군이 들어와 주인아줌마에게 태극기를 던져주며 "이걸로 마루를 닦으라!"고 소리쳤겠지요. 그 아줌마가 태극기를 쥐고 마루를 닦았는데 마루에 빨간 피가 묻어났다는 것입니다. 그 아줌마는 태극기로 마루를 닦은 것이 아니라 태극기는 손 안에 꼭 쥔 채 주먹으로 마루를 닦았던 것이지요. 아군과 적군 이때때로 바뀌는 전쟁지역에서는 주민이 어느 편인지 불안함으로 적군들이 태극기로 시험을 했다는 것입니다. 비록 평범한 민초들이었지만 적군 앞에서조차 태극기를 지켰던 그 애국정신을 우리가 잊어서는 안 될 것입니다. 내 손으로 태극기에 때 묻힐 수 없다는 결연함에 전율을 느낍니다.
　노래 지도강좌에서 이런 이야기를 하노라면 "와!"하는 탄성이 터져나오곤 했습니다. 이런 해설을 나눈 뒤에 노래를 배우면 그 감동이 몇 갑절 증폭되는 것을 느낄 수 있습니다.
　우리민족의 나라사랑 DNA는 역사풍토와 관련이 있다고 합니다. 현재도 중·일·러 틈에 놓여 있거니와 늘 강대국들과 부대끼는 동안 체질화된 것이지요. 저의 한 친구가 이민 날짜가 임박하여 준비 중일 때 "짐을 줄이기가 그렇게 어렵다"고 했습니다. 그러면서도 그는 집에서 쓰던 태극기를 접어 넣고 가는 것을 보았습니다. 서민의 나라사랑 DNA는 이민을 가면서도 버리지 못하는 것입니다. 정말 못 말리는 민족, 자랑스런 민족이라 할 것입니다. 끝으로 태극기 50주년 행사가 풍성하길 기원합니다.

■ 축사

## 태극기 선양운동 50주년을 축하하며

고문 박 종 래
(럭스건설그룹·월드멘토링협회 회장)

태극기선양운동중앙회 황선기 회장은 남다른 나라사랑 태극기사랑의 애국자입니다.

대성목재와 삼천당제약 경리부 직장생활 재직시절에는 물론 퇴직 후에도 수십 년 간을 몸 바쳐 희생하며 태극기 선양운동을 해왔습니다.

인천광역시 공무원들과 동부경찰서 직원, 부산경찰청, 군부대, 학교와 어린이집 등 수많은 곳들을 다니며 태극기 교육을 실시해 왔습니다.

특히 국내 최초로 선열들의 애국혼이 숨 쉬는 옛 태극기전시회를 개최하고 태극기 달아주기 행사와 보급운동에도 힘써온 남다른 애국자입니다.

대한민국의 상징인 태극기의 존엄성 함양과 나라사랑운동에 앞장서온 훌륭한 정신에 경의를 보내며 존경합니다. 힘찬 응원을 보냅니다.

태극기선양운동 50주년을 경축하며 발행하는 <태극기선양문학>지가 역사에 길이 빛나는 좋은 책으로 남기를 바라며 거듭 축하드립니다.

■ 축사

## 태극기를 가장 사랑하는 열정의 사나이

서 필 환 (서일정)
(명강사 21 고려대학교 명강사 최고위과정 운영 대표강사)

　태극기박사 황선기 회장님의 〈태극기선양문학〉출간을 축하드립니다.
　지금껏 열심히 살아온 인생 70년 중 50년을 태극기와 함께한 충절의 고장 충남 예산 출생의 황선기 태극기 박사! 태극기 선양운동을 위해 열정을 다하시는 황선기 회장님의 지나온 활동상황과 그동안 틈틈이 써온 글들을 모아서 대한민국 태극기선양운동사를 집필한 책을 발간하게 됨을 축하드리며 이 책이 많은 분들께 읽혀져서 태극기에 대한 올바른 인식과 존엄성 및 담긴 의미들을 이해하는데 많은 도움이 됐으면 합니다.
　서일정성공사관학교 총장과 15년 전에 기쁨세상과 최근 대한민국 지식포럼에서 고문으로 활동하시는 황선기 회장님과 대면이었지만 그보다 훨씬 이전에 SNS를 활발히 하시는 관계로 태극기선양운동 행사 안내와 좋은 글들을 많이 접하게 되었던 추억이 있습니다.
　그때 느낌은 온통 온몸에 태극기 의상을 입고 머리에 태극기 모자를 쓰고 다니시는 모습과 가수로 활동하며 노래 공연하는 모습은 누구한테서도 느낄 수 없는 움직이는 대한민국 홍보대사로 이미지가 탁월했습니다.
　본받고 싶은 황선기 회장님!
　열정과 추진력 그리고 태극기를 사랑하고 보급하는 지혜를 본받고 싶습니다. 모두가 행복한 대한민국을 꿈꾸듯이 태극기전도사 황선기 회장님과 함께 평화통일 그날까지 GO! GO!

■ 축사

## 태극기 홍보에 미친 황회장

이 대 일
(은행지점장, 파산관재인, 노인정회장)

무엇이나 그 분야에 최고의 전문가가 되려면 미쳐야한다. 태극기 하나에만 평생 미친 사람이 황선기 회장이다.

황 회장과 나는 오랫동안 만나고 희노애락을 나눈 죽마고우이다. 그동안 수없이 만남이나 모임에서 황 회장은 항상 태극기 모자와 윗옷은 태극기 모양을 수놓은 태극기 옷을 입고 다녔다. 길거리에서 마주치는 사람들마다 태극기 홍보와 태극기를 사랑하자고 선양한다. 나라사랑에 평생을 봉사하는 모습에 큰 감동을 자아내고 지금까지 반백년을 그렇게 아름답게 살아왔다.

황 회장은 타고난 심성이 분위기 메이커다. 가는 곳마다 말씀씨로 좌중을 인도하여 재미있게 꾸밀 줄 알며, 금상첨화로 노래까지 잘 불러 가수협회 회원으로 활동하면서 노래 실력으로 사회봉사를 하는 등 대중가수로도 관중을 휘어잡는 능력은 천하일색이다.

중년 이후에는 그 동안의 인생경험을 바탕으로 글쓰기를 잘하여 시인으로 데뷔하였으며, 문사로써 삭막한 세상을 주옥같은 글귀로 시화전 등 국민들의 정서를 순화시켜 행복한 세상으로 변화시키고자 노력하는 달란트로 활용하고 있다. 그 외에도 사진 찍는 취미와 인터넷 활용기술, 대중 앞에서 설득력 있는 웅변술, 태극기선양을 주제로 한 강연 등 지역사회를 살찌게 하는 계몽활동가로 자리매김하고 있다.

노후 인생을 더 아름답게 꾸미고자 늘 주위사람들과 어울리기를 좋아하며, 잠시도 쉬지 않고 이곳저곳 찾아다니며 태극기달기운동을 하며, 꿈 많고 꾀 많고 끼 많은 자신의 인생을 이 사회에 쓰임이 되고자 한다. 이번에는 그동안 살아온 경험을 바탕으로 태극기의 모든 것과 황 회장 인생의 모든 것을 응집하여 새로운 책자를 만든다고 하니 이왕이면 이 책자가 장안에 화제가 되는 불후의 명작이 될 수 있도록 꾸며줄 것을 기대하며 판매고도 올라갈 수 있도록 적극 권유하며 축하하는 바이다.

■ 축사

## 평생을 바쳐 태극기 선양운동하신 분

이 점 수
(가천대교수·경영학박사·한국글로벌강사협회 회장)

　태극기선양운동중앙회 황선기 회장님의 인생 역정을 담은 소중한 서적 출판을 진심으로 축하를 드립니다.
　황선기 회장님은 평소 우리나라의 태극기선양 운동을 위하여 평생 50여 년 간을 몸 바쳐 오신 공적에 대하여 진심으로 존경의 말씀을 올립니다.
　인생을 살아가면서 남을 위하여, 더 나아가 국가를 위하여 헌신한다는 것이 현실적으로 그리 쉽지만은 않다고 봅니다. 황선기 회장님은 젊은 시절 직장생활에서 받은 월급의 상당한 부분을 우리나라 태극기 선양운동에 지출을 하시면서 태극기의 역사, 태극기의 상식, 태극기 게양방법, 태극기 무료보급 등을 통하여 도서 섬 지역과 해외 교민들까지 태극기 보내기 운동을 추진하셨으며, 전국의 어린이와 학생들 상대로 태극기 그리기 대회를 전개하여 자라나는 어린이들에게 우리나라 태극기에 대한 이상을 고취하도록 했습니다.
　그로 인하여 우리 국민이 태극기에 대한 지식과 태극기에 대해 존엄성을 새삼 느낄 수 있게 하였습니다. 또한, 공공시설에 게양되어 있는 태극기가 올바로 게양되어 있지 않음을 보시고 마음 아파하시며, 이를 시설에 지적하여 바로 잡았고, 전 국민을 상대로 태극기 바르게 달기 운동을 추진하였으며, 비 오는 날에 비에 젖어서 태극기 형태가 매우 안 좋음을 보고서 이에 고심한 끝에 태극기를 방수원단으로 만들자고 정부에 건의하였습니다. 더불어서 황선기 회장님께서 직접 방수원단으로 제작하여 태극기를 게양 및 보급하게 되었으며, 이후 비 오는 날에도 맑은 날씨와 변함없이 깨끗한 모습으로 태극기가 바람에 펄럭일 수 있도록 하였습니다.
　이뿐 아니라 공공시설의 태극기게양에 있어서 과거 어두워지면 태극기를 내렸습니다. 이점이 매우 잘못되었음을 정부 관청에 지적하면서 이에 대한 시정을 요구하였고, 이로 인하여 지금은 해가 진 밤에도 우리나라를 빛내는 태극기는 24시간 동안 아름답게 펄럭일 수 있도록 아주 소중한 일을 하셨습니다.

  그리고 태극기 사랑을 전파하기 위하여 태극기 관련 시 작품을 다수 출품을 하였고, 태극기노래 작사를 하여 직접 노래까지 하시면서 태극기 사랑을 무대를 통하여 전 국민에게 전파하시는 대단한 열정을 보이고 계십니다. 한평생 태극기 선양운동에 대한 기록적 역사를 후세에 남기고자 태극기 박물관건립을 추진하고 있습니다. 이 일에 우리 모두 협력하여 동참하였으면 하는 간절한 마음입니다.

  이제 그동안 태극기 선양운동과 태극기 사랑에 대한 역사 상식을 잘 간추려서 문학과 함께 창간호를 내십니다. 본 서적의 출간을 통하여 황선기 회장님께서 평생 몸 바쳐 염원하시며 헌신하신 태극기 사랑이 더욱 빛나고 대한민국의 국기 태극기가 온 국민에게 존중받고 사랑받기를 간절히 기원합니다.

# 황선기 회장의 역사 편

# 1. 사재를 털어 50년을 태극기에 봉사하다
## - 대한민국 자유 민주 평화통일을 기원하며

　1950년 북한의 남침으로 6·25가 발발 동족상잔의 비극으로 나라가 엄청 혼란스러운 때, 음력 8월에 충남 예산의 예당저수지 아랫마을 500년 역사의 황 씨 집성촌에서 8남매 중 7번째로 태어났다. 어려서부터 부모님으로부터 태극기의 소중함을 자주 들어온 황선기는 태극기의 소중함을 가슴 깊이 새기게 되었다.
　부모님께서 말씀하시기를 "일제 36년 동안은 일본으로부터 나라를 빼앗겨 태극기를 게양할 엄두도 못 냈으며 감출 때에도 항아리에 넣어 땅속에 숨겨야 했다. 1945년 해방의 기쁨을 보고서야 태극기가 빛을 보게 되었단다."
　이때부터 국가의 경축일에 마음 놓고 게양을 했으며 6·25 동란 때엔 북한군이 남한을 점령하여 빼앗긴 관공서마다 태극기가 내려지고 인공기가 게양되어 우리 국민들의 자존심에 상처가나고 사람을 강제동원하고 인민재판에 넘겨 총칼로 무참히 죽이는 등 차마 눈뜨고 볼 수 없는 장면들이 자주 있었다는 소식을 듣고 어린나이 때부터 태극기는 우리 국민의 생명과 같다는 의식이 몸에 배어온 것이다.
　1971년부터 태극기에 대한 책을 구해 공부하고 대국민 계몽운동의 필요성을 느꼈다. 당시에 태극기가 게양되어 있어도 너무 때가 많이 묻어있거나 낡은 깃발, 잘못 만들어진 깃발로 보기 흉하였다. 이런 것들이 눈에 많이 뜨이자 반드시 시정할 필요를 느껴 국민계몽에 나서기로 굳게 맘을 먹게 된 것이다.
　국민의 이해를 돕기 위해 올바른 태극기의 모습과 바르게 게양하는 방법, 국기에 대한 예절, 올바른 보관방법 등을 인쇄하여 전국을 순회하며 계몽운동에 앞장서 왔다.
 특히 1968년 김신조를 비롯한 북한 특수부대 요원들의 청와대 습격 미수사건이 있고 부터는 전방지역에 방공정신과 애국심을 고취시킬 필요성을 느껴 1972년도엔 강원도 전 지역을 순회 계몽하며 태극기 없는 가정에 보급을 앞장서 왔다.
 이때 20대의 젊은 혈기에 하루에 백리길도 멀다 생각지 않고 점심을 라면땅 1개와 냉수 한 대접으로 허기짐을 달래며 활동 하였다. 강원도 영월과 양구 등 몇 군데에서 장마를 만나 갑자기 불어난 물 때문에 외나무다리를 건너다 생명을 잃을 뻔한 경험도 여러 차례 있었다.
 1968년 김신조(지금은 대한민국의 성실한 반공 애국 목사가 됨)특수부대 일당의 청와대 침투 미수사건 이후 극도로 예민한 때였다. 강원도 최전방 지역인 양구에선 주민이 간첩으로 오해하여 군 정보기관에 신고하였는데, 야간에 군 정보기관에 잡혀가 조사를 받는 등 기억 속에 영원히 잊지 못할 일이었다.
 1973년 9월 군입대와 1976년 제대 후 대성목재(주) 경리부에 입사 후엔 당시 인천에선 제일 큰 대기업에 입사하였다. 제일 먼저 회사의 옥상 게양대 태극기와 깃봉 국기함을 새것으로 제작하여 회사에 제공하였다. 태극기의 소중함을 총무부서에 알려주고 60여개의 사무실에 태극기가 잘못 그려진 것을 발견하여 모두 새로 액자 국기를 만들어 회사에 기증해주는 등 나의 이상한 행동에 회사에선 특별한 관심을 갖게 되었다. 마침내 5백여 명의 사무직 사원과 6천여 명의 예비군 및 민방위대 사원들 그리고 새로 매주 입사하는 신입사원들한테 애국심과 애사정신을 2시간씩 가르쳐달라는 부탁을 받아 1978년부터 1980년 10월까지 1만5천여 명에게 태극기교육을 하였다.
 국내에선 처음으로 기업체 태극기교육을 하였으며 이 사실이 알려지자 인천 시민회관에서 공무원 태극기교육과 동부경찰에서 전 직원 태극기교육을 실시하였다. 부평여고에서 태극기전시회와 교육 등을 하였으며 국내 최초로 도로변 건물의 게양대 설치운동을 했다. 백령도 등 도서 전방지역에 태극기보내기 운동을 추진하는 등 직장과 생활 속에서 태극기와 함께 살아왔다.

1980년 회사를 부평 4공단의 한일식품 경리과장으로 자리를 옮긴 후엔 1982년 '태극기사용100주년의해'를 맞아 국내외 최초 인천공보관에서 국민계몽 '태극기전시회'를 개최했는데, 이때 인천 제물포학생 전교생들을 비롯하여 수많은 초·중·고·대학생들과 시민들 1만5천여 명이 4일 동안 참관했다.

휴일이면 국기의 존엄성 함양을 위해 전국관광 명소를 다니며 매월 월급의 10~20%의 사재로 태극기와 황금색깃봉을 들고 다니며 보급운동에 앞장서왔다.

5년 후엔 서울의 삼천당제약의 스카웃으로 경리부에 입사하였다. 서울명동 하늘공원에서 서울에선 처음으로 선열들의 애국혼이 숨 쉬는 태극기와 태극기를 잘못 사용하는 부분들을 전시하며 시정을 요하였다. 조선시대, 대한제국시대, 일제시대, 광복 후, 사용하는 국기의 변천한 모습들을 전시회를 통해 처음으로 소개를 하였다.

이때 KBS, MBC 등 방송사와 라디오 그리고 신문과 월간지등 많은 언론사와 잡지사에서 역사상 처음 보는 것이라 많은 관심을 가지고 보도를 하였다.

어느 날 회사에서 갑자기 전무가 나를 불렀다.

"당신은 회사를 택하던가 태극기를 택하던가 양자 한 가지를 택하라"고 경고하기에 이르렀다. 나는 사실 회사일 마치고 남는 시간과 은행과 세무서 나갈 때 잘못된 곳들이 눈에 띄면 전화하여 시정해주거나 찾아가 시정해준 것뿐이었다. 그때 한창 태극기선양운동중앙회 창립준비를 하고 있을 때였다. 나는 회사에 "저의 행동이 그렇게 못 마땅히 생각하시면 사표를 쓰겠다"고 의사를 전하고 회사를 사직했다. 퇴직 후 받은 퇴직금은 부인에게 주지도 않고 계속 충남 예산 청주 충주 신세계백화점 갤러리 등 태극기전시회 행사를 계속 이어갔다. 그러니 집에서는 난리가 났다. 돈 한 푼 안 갖다 주고 퇴직금은 물론 결혼 예물마저 몽땅 전당포에 맡기고 그 자금으로 전시행사를 계속하니 미친 사람으로 낙인 찍혀버렸다.

사실 제 나이 70인 지금 뒤돌아보면 그 당시 태극기에 미치긴 정말 미쳤었나보다는 생각이다. 태극기선양운동을 하면서 그래도 많은 것들을 정부에 시정 요청하여 바뀐 것들이 여러 가지 있기에 가정엔 10점짜리 인생이었을 런지 모르겠으나 국가적으론 나름대로 많은 일들을 해왔다고 자부심과 긍지와 보람을 느낀다.

그동안 추진해온 보람 있는 일들을 몇 가지 들추어보겠다.

**첫째로** ―태극기 수기 관리규정 건의하여 관리방법 마련하였다.
1980년대 후반엔 대통령 선거 때만 되면 태극기를 각 당에서 대량으로 만들어 선거 유세장에 참가하는 모든 분들한테 태극기와 당기를 나누어주어 흔들게 하였다. 그것까진 좋았다 그런데 그 후 행사를 마치고나면 몽땅 그냥 시민들이 땅바닥에 버리고 갔다.
태극기가 차에 깔리고, 사람들의 발에 밟히고, 바람에 뒹굴고, 그래서 나는 선거유세장마다 찾아다니며 모두 사진을 찍어 우리국민들의 수준이 이 정도냐며 국기를 모독하는 일이니 시정해 달라고 신문에 호소하였다. 청와대에 공문도 보내 1989년 정부에서 수기 관리방법이 새롭게 마련되었다.

**둘째로** ―대통령령으로 국기규정을 통일하였다.
국기에 대한 규정이 문교부와 총무처 그리고 외무부에서 태극기의 규정들이 각각 따로 홍보 집행하고 있어 태극기 사용상의 혼란과 규격의 통일이 잘 이루어지질 않았다. 그러다보니 태극기가 잘못 그려져 사용되는 등 혼란이 국내외에서 빈번하게 발생하고 있었다.
국내와 국외에서 사용하는 국기들의 모습이 다르다는 것을 추적한 결과 알게 되었다. 문교부는 국기제작법 만을, 총무처는 국기의 게양관리와 의전을, 외무부는 국기 책자에 국기 규격을 잘못 그려 외국대사관 등 교민들에게 잘못 알려지게 됐고 그렇게 잘못된 것들을 지적하여 국기제작, 게양 관리 예절 보관 등에 대한 것들을 1981년 정부에 건의하여 1984년 국기에 대한 규정이 새롭게 통합되어 대통령령으로 통일되게 만들어지게 되었다.
국기에 대한 유래 및 담긴 의미 등도 마련이 안 돼 있어 사용하는 사람마다 단체마다 해석이 구구하던 것들이 정부 안으로 통일 사용하게 만들도록 독촉과 건의하여 현재는 제대로 마련되어 통일된 내용으로 사용됨을 다행으로 생각하며 큰 보람을 느끼곤 한다.

**셋째로** -방수깃발 탄생과 24시간 게양 제도에 관한 건이다.
방수태극기를 실험하기위해 독한 약품에 고무장갑 30켤레를 버려가며 연구해왔던 나는 지금은 방수태극기가 전국적으로 게양되는 것에 큰 보람을 느낀다.
1997년 전까지는 태극기를 제작하는 천이 광목천과 티시(TC)천으로 만들어져 비를 맞으면 흡수가 잘돼 때가 잘 타고 쉽게 오염되어 국기의 품격을 현저하게 떨어드렸다.
1993년 나는 총무처 장관을 찾아가 방수깃발 건을 말씀드렸다. "우리나라가 염색기술이 세계 최고인 만큼 방수 태극기를 만들어 비가와도 때가 잘 안타고 바람에 잘 휘날릴 수 있도록 하자"고 건의하였다.
당시에는 태극기에 대한 규정이 '비가 오면 내리고 개이면 다시 게양'하고 '하루에 열 번씩이라도' 그렇게 하도록 규정돼 있었다. 그런데 규정대로 지켜지는 곳이 한 곳도 없었다. 그러니 비오는 날엔 대한민국의 상징인 태극기가 대한민국 땅에 한군데도 게양되지 않았다. 태극기 없는 나라가 된 것이다.
1993년 대만과 일본을 방문한 적이 있다. 두 나라를 다녀 온 후 외국에선 비가 좀 온다고 국기를 내리는 걸 보지 못했다. 그래서 이런 외국의 사례를 이야기하며 방수깃발을 정부에 건의한 것인데, 이것을 정부에서 받아들였던 것이다.
1996년 12월, 국기에 관한 규정이 개정 되었으며 현재는 전국 관공서와 단체 기업체 그리고 각 가정에서 방수 태극기를 게양하고 있으며 관공서와 공공장소에서는 24시간 게양하게 된 것이다.

그 바람에 각종 깃발 현수막 등의 질과 품격이 향상됐으며 수작업에서 기계작업으로 대한민국 전체에 새롭게 바뀌는 대변혁을 가져오게 되었다.

**넷째로** -대형국기게양대를 공원과 고속도로에 세운이야기이다.
나는 대형국기게양대 설치운동의 주역이 된 에피소드가 있다.
내가 1992년에 미국을 방문하였을 때 미국사람들의 애국심이 대단하다는 것을 느꼈다. 미국에는 관공서, 은행, 주유소에도 국기게양대가 대형으로 품위 있게 설치된 것을 보고 선진국의 애국심을 읽을 수 있었다.
미국 방문 후 대형국기게양대 설치운동을 적극 펼쳐야겠다고 생각했다. 그래서 청주시, 구리시, 천안시, 용인시, 부산금정구청, 인천남동구청, 고속도로와 많은 시와 군에 대형국기게양대가 세워지도록 계몽하였다. 태극기가 품위 있게 휘날리는 모습을 보게 되어 큰 보람을 느끼곤 한다.

**다섯째** -올림픽경기장 국기게양대 시정을 조치하였다.
88서울올림픽 때였다. 잠실종합경기장과 모든 경기장의 국기게양대를 황금색 깃봉으로 교체, 서울시와 당시 체육부에 건의 그리고 각 정부 부처에 공문을 보내 국기게양대 황금색 무궁화봉으로 교체토록 공문을 보내었다. 올림픽을 앞두고 전국의 많은 관공서와 운동장들이 교체하여 국위선양에 이바지하였다.

**여섯째** -태극기 꽃카드를 국내에서 처음으로 개발하다.
국내에서 처음으로 태극기 꽃카드와 연하장을 개발하여 몇 만개를 각 관공서에 무료로 보급하였다.

**일곱째** -태극기와 태극문양 도자기 처음 개발하여 보급하였다.
국내최초로 태극기와 태극문양 도자기 생활용품과 선물 항아리를 개발하여, 태극기선양운동중앙회 시상상품, 선물용품으로 보급하여 자동으로 태극기 선양운동이 되었다.

**여덟째** -88올림픽 때 미 수교국에 태극기 선물로 국위 선양.
88올림픽 때 소련·중국 등의 나라에 태극기와 소련국기, 중국기 등 300개씩 만들어 선물하였다. 외교관계가 없던 나라에 친근감을 주고 태극기를 선양하였다.

**아홉 번째** -해외 교민단체에 태극기책자를 선물하였다.
태극기책자와 태극기선양운동중앙회 팜프렛을 만들어 한민족 체육대회에 참여한 모든 나라에 태극기 책자 300권을 선물하였습니다.

**열 번째** -섬지역, 군부대, 통·반, 부녀회, 외국 등에 태극기 보내기.
백령도와 강화도 전방지역 태극기보내기운동을 실현하였다. 또한 외국 교민들께도 태극기보내기운동을 실천하였다. 물론 많은 량의 태극기세트를 무상 공급하였다. 한편 군부대와 전국의 일부 통반장 그리고 부녀회원들에게도 태극기를 무상 공급하여 태극기 게양운동의 동참을 권유하였다.

**열한 번째** -대한민국 국기법이 탄생되다.
미국·영국·독일 등 여러 나라에선 국기에 대한 규정이 법률이나 헌법에 명시되어 존엄성을 표시하고 있으나 우리나라에선 문교부 고시에서 대통령령으로 돼있던 것을 법률로 격상할 것을 건의하였다. 국회의원들의 발의로 대한민국 국기법이 2007년 1월 26일 법률 제8272호로 제정 공포하여 2008년 7월 17일 게양대설치법 등 일부 개정하여 대통령령 제20915호로 시행해오고 있다.

**열두 번째** -문화재국기 탄생하다.
1970~90년대까지는 정부 각 기관에서도 태극기에 대한 관심도가 낮

았었다. 그래서 문화재 국기란 생각조차 못한 상황이다.
태극기선양운동중앙회에서 인천·서울 등 전국 각 지역을 순회하며 전시회를 개최하고 매스컴에도 보도되었다. 이후부터 국민의 관심도가 높아지게 되었다. 지금은 문화재청에서 역사성 있는 국기들을 대상으로 문화재로 선정하였다. 현재 20여 종류의 국기가 문화재로 등록되어 관리되고 있다.

**열세 번째** -황선기 작사 태극기노래
선열들의 애국정신을 기리고 존엄성을 알리며, 국경일에 태극기 게양률을 높이고자 태극기 노래를 작사하기 시작하여 현재 4곡의 노래를 작사하였다.
   1.태극기를 휘날리자
   2.자랑스러운 태극기
   3.태극기
   4.예쁜 내 사랑
이렇게 4곡을 작사하여 작곡가들의 협조로 노래가 탄생되어 황선기 본인이 직접 불렀다. 음반도 만들어 많은 사람들에게 불리어지고 있다. 앞으로 기회 있을 적마다 더 좋은 노래를 만들기 위해 노력하고 있다.

**열네 번째** -태극기 시와 애국시가 탄생되다.
황선기 본인은 문학 활동을 하면서 '3·1절100주년기념시화전'과 '8.15광복절75주년시화전'을 통해 애국시들이 많은 시인들로부터 발표되기 시작하였다. 반가운 일로써 대한민국 문예 발전에도 도움이 될 것이고 문인들의 애국심 향상에도 큰 힘이 되리라 믿는다.

**열다섯 번째** -무궁화 꽃에 대한 관심과 무궁화시 발표하다.
   나의 무궁화꽃 사랑은 태극기와 더불어 50년의 세월이 되었다.
문학 활동과 시화전을 통하여 문인들에게 '무궁화시'와 '애국시'를 권유하였다. 많은 분들께서 관심과 사랑으로 국가의 상징에 대한 시들이

점차 늘어나고 있어 바람직한 일이라 생각된다. 온 국민이 자랑스러운 태극기 앞에 하나가 되어 나라 발전과 국민 복지 증진, 더 나아가 평화스런 남북통일로 이어져 나라가 더욱 발전하고 세계를 리더하는 국가로 더욱 새롭게 태어나길 기원한다.

**열여섯 번째** 국회의사당 태극기게양대와 헌법재판소의 태극기게양대 설계하다.

**열일곱 번째** 국기의 날 필요성을 느끼며 국회의원들과 함께 추진하였으나 아직 미제정 된 상태이다.

**열여덟 번째** 대한민국의 상징인 무궁화꽃이 국화國花로 관행상 되어 있으나 법률로의 제정이 필요하다 하겠다.

**열아홉 번째** 게양된 국기에 대한 관리가 잘 안 되고 있다. 너무 오염된 깃발, 비바람에 낡은 깃발의 방치를 막기 위해 1~2개월에 한번씩 새 국기로 교체토록 규정이 요망된다.

　**마지막으로** 가장 보람을 느끼는 것은 대한민국 민의의 전당 국회의사당 건물의 태극기게양대와 헌법재판소의 태극기게양대 설계를 황선기 본인이 했다는 것이다.

　이 책의 발간됨으로 많은 국민들이 태극기에 대한 규정과 유래 담긴 의미 등을 올바로 이해하고 국경일과 기념일 등 국기게양일에는 전국적으로 100% 태극기가 휘날려 대한민국의 위상을 세계에 드높이기를 기원한다.

## 2. 황선기의 TV 방송 및 라디오 방송 출연 프로

1. KBS TV
   1) 전국은 지금 (임성훈, 왕영은 프로)
   2) 아침의 광장 (이계진 아나운서 프로)
   3) 행운의 스튜디오 (이창호 아나운서 프로)
   4) 문화강좌 (교육방송 1시간짜리)
   5) 보도본부 (태극기전시회장면, 백운기기자, 이기종 사진기자)

2. MBC TV
   1) 뉴스 보도국 (태극기선양운동의 목적과 태극기전시품)
   2) 한밤의 응접실 (사회 이종환)
   3) 차인태 출발 새아침 (30분간 출연)

3. SBS 방송

4. K TV (한국정책방송, 아름다운당신)

5. 국군방송

6. 교통방송 m 이성진의 매거진 외 10회출연

7. KBS 라디오방송
   1) 라디오 하이웨이

2) 라디오 서울
3) 현해탄을 넘어서
4) 마이크기행
5) 함께 물어봅시다
6) 밤에 교차로
7) 해외동포를 위한 국제방송

## 3. 태극기 선양 전시회 100회 시행

  황선기 회장은 1982년 태극기사용 100주년기념으로 국내외 첫 <태극기선양 전시회>를 인천에서 개최한 이래 서울, 대구, 대전, 청주, 수원, 독도, 인천종합문화예술회관과 계양구청 초중고학교와 어린이집, 신세계백화점, 롯데백화점과 세종문화회관 등 여러 곳에서 100회를 사비를 들여 개최해 왔습니다.

## 4. 태극기의 연혁 요약

* 1875년 9월20일(음력 8월21일) 강화도 초지진 운요호 침입.
* 1876년 2월 다시침범 강화도조약(병자수호조약) 체결함.
  이때 일본은 국기문제 대두 국기의 중요성 처음 인식.
* 1882년 5월 22일 한미통상수호조약 체결 시 처음 태극기사용.
* 1882년 8월 일본과 제물포조약, 9월 수신사 박영효 일행 방일.
* 1883년 3월 6일 고종황제는 왕명으로 국기를 태극기로 선포.
* 1949년 10월 15일 국기제작법 고시(문교부 고시 2호).
* 1950년 1월 국기 게양방법 공포(국무원 고시).
* 1966년 4월 국기게양 방법에 관한 건(대통령 고시 2호).
* 1984년 2월 21일 대한민국 국기에 관한 규정 제정 공포.
* 1987년 4월 국기에 관한 규정 개정(국기강하 시각 변경)
* 1989년 3월 국기에 관한 규정 개정(실내 게양방법 개선)
* 1997년 12월 27일 대한민국국기에 관한 규정 대통령령 개정공포.
* 2007년 1월 26일 대한민국 국기법 제정 공포.
* 2007년 7월 27일 대한민국 국기법 시행령 제정 공포.
* 2008년 7월 17일 국기법시행령 중 제11조 국기게양대 설치방법 개정 공포.
* 2009년 9월 10일 국기의 게양 관리 및 선양에 관한 규정 제정 공포.

## 5. 태극기의 내력

　세계 각국이 국기를 제정하여 사용하기 시작한 것은 근대국가가 발전하면서부터였다.
　우리나라의 국기 제정은 1882년(고종19년) 5월 22일 체결된 조미수호통상조약 조인식이 직접적인 계기가 되었다. 하지만 당시 조인식 때 게양된 국기의 형태에 대해서는 현재 정확한 기록이 남아있지 않다. 다만, 최근(2004년)에 발굴된 자료인 미국 해군부 항해국이 제작한 '해상국가들의 깃발'에 실려 있는 기가 조인식 때 사용된 태극기의 원형이라는 주장이 있다.
　1882년 박영효가 고종의 명을 받아 특명전권대신겸 수신사로 일본에 다녀온 과정을 기록한 사화기략에 의하면 그해 9월 박영효는 선상에서 태극문양과 그 둘레에 8괘 대신 건곤감리 4괘를 그려 넣은 '태극 4괘 도안'의 기를 만들어 9월 25일부터 사용하였으며, 10월 3일 본국에 이 사실을 보고하였다는 기록이 있다.
　고종은 다음해인 1883년 3월 6일 왕명으로 이 '태극4괘 도안'의 '태극기'를 국기로 제정 공포하였다. 당시 국기제작 방법을 구체적으로 명시하지 않은 탓에 이후 다양한 형태의 국기가 사용되어 오다가 대한민국 임시정부에서 1942년 6월 29일 국기제작 방법을 일치시키기 위하여 <국기통일양식>을 제정·공포하였지만 일반 국민들에게는 널리 알려지지 않았다.
　1945년 해방 후 1948년 8월 15일 대한민국 정부가 수립되면서 태극기의 제작법을 통일할 필요성이 커짐에 따라, 정부는 1949년 1월 '국기시정위원회'를 구성하여 그해 10월 15일에 오늘날의 '국기제작법'

을 확정 발표하였다.

　대한민국 정부가 태극기를 국기로 승계한 것은 태극기가 지닌 이러한 민족사적 정통성을 이어받기 위함이었으며, 이후 국기에 관한 여러 가지 규정들이 제정 시행되어 오다가 최근 '대한민국국기법(2007년 1월)'과 동법 시행령(2007년 7월) 및 국기의 게양 관리 및 선양에 관한 규정(국무총리훈령, 2009년 9월)이 제정되면서 그 입지를 더욱 공고히 하게 되었다.

## 6. 태극기에 담긴 뜻

우리나라의 국기인 '태극기'는 흰색 바탕에 가운데 태극문양과 네 모서리의 건곤감리로 구성되어 있다.

태극기의 흰색 바탕은 밝음과 순수 그리고 전통적으로 평화를 사랑하는 우리의 민족성을 나타내고 있다.

가운데의 태극문양은 음(파랑)과 양(빨강)의 조화를 상징하는 것으로 우주 만물이 음양의 상호작용에 의해 생성하고 발전한다는 대자연의 진리를 형상화한 것이다.

네 모서리의 4괘는 음과 양이 서로 변화하고 발전하는 모습을 효(음 --, 양— )의 조합을 통해 구체적으로 나타낸 것이다.
그 가운데 건괘는 우주 만물 중에서 하늘을, 곤괘는 땅을, 감괘는 물을, 이괘는 불을 상징한다. 이들 4괘는 태극을 중심으로 통일의 조화를 이루고 있다.

이와 같이, 예로부터 우리 선조들이 생활 속에서 즐겨 사용하던 태극 문양을 중심으로 만들어진 태극기는 우주와 더불어 끝없이 창조와 번영을 회구하는 한민족의 이상을 담고 있다. 따라서 우리는 태극기에 담긴 이러한 정신과 뜻을 이어받아 민족의 화합과 통일을 이룩하고 인류의 행복과 평화에 이바지해야 할 것이다.

# 7. 국기에 대한 맹세

* 국기에 대한 맹세문 새로운 내용 공포

나는 자랑스러운 태극기 앞에 자유롭고 정의로운
대한민국의 무궁한 영광을 위하여 충성을 다할 것을
굳게 다짐합니다.

* 국기를 게양하는 날

　국경일
　　　　3월 1일(3·1절)
　　　　7월 17일(제헌절)
　　　　8월 15일(광복절)
　　　　10월 3일(개천절)
　　　　10월 9일(한글날)

　기념일 10월 1일(국군의 날)

* 조기게양일

　추념일 6월 6일(현충일)
　국장기간 및 국민장일

* 태극기에 담긴 의미

  자유 · 평화 · 화합 · 창조 · 번영

* 흰색 바탕은 백의민족의 순결성과 전통적으로 평화를 애호하는 우리 한민족의 민족성을 표상한 것입니다.

* 태극 도형은 음과 양의 상호작용에 의하여 우주만물이 자유롭게 생성 발전하는 대자연의 영원한 진리를 형상화한 것으로 창조를 나타낸 것입니다.

* 4괘는 태극 속에서 음과 양이 질적 변화와 양적 성장의 선회운동을 거치면서 발전하는 번영의 정신을 표현한 것입니다.

* 태극기는 우리민족이 우주와 더불어 길이길이 발전하고 자하는 한민족의 이상을 집약 표현한 것입니다.

## 8. 태극기 정신 결의문

우리 조국 대한민국의 민족자존 자주독립의 상징인 태극기는 수많은 선열들이 피와 땀으로 지켜왔고 우리 또한 반만년 찬란한 민족문화와 함께 자손만대에 영구히 보존하여 물려주어야할 배달겨레, 바로 우리들의 표상인 것이다. 이와 같이 소중한 깃발에 대해 우리는 휘날리는 태극기 앞에 조국과 민족에 대한 무궁한 긍지와 사랑을 가슴깊이 새겨나가야하며 마땅히 태극기에 대한 올바른 인식과 존중의 마음을 나날이 다져나가야 할 것입니다. 그러기 위해서 우리는 다음과 같이 결의한다.

하나. 우리는 민족혼 태극기를 사랑하고 정신을 계승 발전시킨다.

하나. 우리는 태극기에 대해 바로 알기 계몽과 교육활동을 추진한다.

하나. 태극기에 담긴 자유, 평화, 화합, 창조, 번영의 정신과 봄, 여름, 가을, 겨울 사계절의 뚜렷한 우주 대자연의 진리와 선열들의 독립정신과 애국정신이 담겨있는 자랑스러운 태극기 앞에 국가와 사회, 가정의 발전을 위해 소명 의식을 가지고 충정을 다하여 헌신할 것을 결의한다.

## 9. 국민계몽 태극기 선양 전시회 개최 목적

태극기는 대한민국의 상징이요 8천만, 우리겨레의 표상이다. 선열들의 독립정신과 애국정신의 혼이 깃든 민족정기의 깃발입니다. 이렇게 소중한 태극기에 대해

1. 그동안 국민들이 너무 소홀이 취급하고 태극기에 대해 무관심과 내용을 모르고 지내는 분들이 많기에
2. 젊어서 국가와 사회에 봉사하겠다는 굳은 신념으로 1971년 21세의 젊은 청춘시절부터 71세인 현재까지 50년 동안 태극기선양운동을 실천해 왔습니다.
   1) 삼국시대, 신라시대, 고려, 조선시대 등 계속 사용해온 태극문양과 태극기를 통하여 우리 민족의 정통성을 계승 발전시키고,
   2) 변화된 역사속의 태극기를 통하여 선열들의 고귀한 애국정신과 독립정신을 보고, 배우고, 느끼게 하여 젊은 학생 및 일반 국민들 께 애국심을 심어주고 가슴깊이 잠자고 있는 애국심을 일깨워 주었다.
   3) 태극기의 소중함을 새롭게 인식시키고,
   4) 국가 국경일의 의미를 되새기게 하여 경축 분위기가 살아나도록 하며 요즘 국기게양률이 5% 미만으로 저조한 것을 70% 이상 끌어올리는 것을 목표로 전시회 등 선양활동을 계속해 오고 있습니다.

5) 태극기에 대해 모르고 있는 부분들을 전시회를 통하여 태극의 유래와 담긴 의미 등을 알게 하며 국기의 올바른 게양방법, 올바른 게양대 설치방법 취급 및 보관방법 등을 배우게 하고

6) 지금껏 잘못 알고 있던 국기에 대한 인식을 새롭게 올바르게 인식 시켜 태극기의 존엄성을 향상시키며,

7) 국경일 전 가정, 전 직장 국기달기운동을 활성화 시켜,

8) 국기를 통한 애국심 고취와 국민화합 일체감을 조성하고,

9) 우리나라 모든 국민들이 자부심과 긍지를 가지고 세계 속의 선진국으로 도약하는데 큰 힘과 밑거름이 되도록 하는데 목적이 있습니다.

10) 앞으로는 시대의 변천 인터넷의 발달 등으로 문화예술과 문예부문등 접목하여 종합문화예술로 더욱 새롭고 알차게 태극기선양운동을 추진해 나갈 계획입니다.

# 10. 태극기 전시회 개최에 즈음하여 (1989년 11월 18일)

1. 아! 어찌 잊으랴! 광복의 그날을 일제 36년 동안 나라 없는 서러움 속에서 갖은 수난을 겪어야만 했던 지난날. 1945년 8월 15일 연합군 앞에 일제가 항복하던 날 숨겨두었던 태극기를 손에 손에 들고 힘차게 독립만세를 외치며 너무도 기쁜 감격에 눈을 흘리던 그날이었다. 광복의 기쁨과 1948년 8월 15일 정부수립의 기쁨이 채 가시기도 전에 동족상잔의 비극 1950년 6월 25일 새벽 공산 괴뢰의 남침이 있었다. 이때 조국을 수호하고자 태극기를 휘날리며 대한민국 만세를 부르다 꽃진 중요한 국군과 학생, 그리고 일반국민과 유엔군이 그 얼마였습니까! 파란곡절이 많았던 우리 민족의 역사에서 기쁠 때나 슬플 때나 우리와 함께 벗하여 준 태극기였습니다. 이제는 우리민족의 정신이요 벗이요 잊을 수 없는 존재인 것입니다.

2. 태극기는 우리나라와 민족의 상징이며 반만년 역사 속에 겨레의 마음속에 숨쉬어온 전통과 이상이 남겨져 있는 매우 소중한 국기인 것입니다. 그러므로 대한민국 국민은 누구나 국기에 대한 예절을 지키고 존엄성을 지키는 것은 바로 국가와 민족에 대한 자존심을 지키는 일이며 국민으로서 마땅히 하여야 할 권리이자 의무인 것입니다.

3. 해방된 지 44년이 되었지만 일부 국민 중엔 태극기를 소홀히 하여 과연 우리가 국기란 게 있는 나라인가 하는 생각이 든다. 국가의 경축일 등 게양일에 가정과 도로변의 상가, 직장이 제대로 게양을

안 하고 있다. 그뿐만 아니라 국기의 규격과 게양방법, 경례방법, 게양대 설치방법, 국기의 보관 및 폐기방법 등 국민이라면 꼭 알아야 될 국기에 관한 일반상식을 모르고 있다. 잘못 알고 있는 분들도 많아 가슴 아프다. 그것은 분명 홍보부족으로 국민만 탓할 일이 아니다. 본회에서는 이러한 점을 깊이 깨닫고 광복 44주년을 맞이하여 전국 대도시를 순회하면서 115년 전 -일명 고려국기를 비롯한 한일합방 전후의 국기 등 200여점의 자료전시를 통하여 국기의 존엄성 함양과 더불어 국가관을 심어주고 시민, 학생들에게 애국애족의 마음을 키워 국민화합의 계기를 마련코자 한다.

4. 수안보온천 관광도시가 있는 충청북도 충주시에서는 국민계몽 운동으로 첫 번째 청주시에 이어 두 번째로 태극기전시회가 개최되었다. 150만 충북도민과 13만 충주시민들의 미래를 향한 민족통일과 민족화합의 보람된 장이 되어 주었으면 한다. 본 전시회에 협찬 및 후원하여 주신 여러분들께 진심으로 감사드립니다.

## 11. 태극기 강의 주요 내용

1. 태극과 태극기의 유래
   1) 8괘와 태극 문양
   2) 태극기는 언제부터 사용해 왔는가
   3) 태극기를 국기로 공포는 언제 했는가

2. 일제강점기 선열들의 독립운동과 태극기
   1) 한일합방
   2) 선열들의 독립운동
   3) 8.15 해방과 태극기
   4) 대한민국 정부수립

3. 6·25 동족상잔의 비극과 태극기
   1) 북한의 남침
   2) 빼앗긴 태극기
   3) 인천상륙작전
   4) 서울중앙청 인공기 내리고 태극기 게양
   5) 평양탈환과 중공군의 인해전술
   6) 휴전협정과 현재의 38선

4. 태극기에 담겨진 정신
   1) 흰 바탕은 민족의 순수성과 자유와 평화의 정신
   2) 태극 음양은 창조의 정신
   3) 태극 음양은 화합의 정신
   4) 건곤감리 4괘는 번영의 정신

5. 4괘의 이름과 의미
   1) 건 - 하늘
   2) 곤 - 땅
   3) 감 - 물
   4) 이 - 불

6. 4괘와 4계절
   1) 건 - 여름
   2) 곤 - 겨울
   3) 감 - 가을
   4) 이 - 봄

7. 4괘와 동서남북 방위
   1) 건 - 남쪽
   2) 곤 - 북쪽
   3) 감 - 서쪽
   4) 이 - 동쪽

8. 태극기의 올바른 게양방법
   1) 경축기 - 태극기를 깃봉 바로 밑에 게양
   2) 조 기 - 깃발을 깃봉에서 깃폭 만큼 내려 담

9. 보관 관리방법 등 교육
   1) 관공서나 기업체 - 국기보관함 별도 비치 요망
   2) 가정에서는 태극기를 깃대 깃봉과 함께 보관
      현재 국기함(통)이 잘 만들어져 보급 되고 있음

## 12. 태극기를 알면 인생의 노후가 행복해진다

정치인이 태극기를 알면 나라가 발전한다.
(양전기와 음전기가 하나로 만나야 세상이 밝게 빛난다)

1. 태극기에는 자유, 평화, 화합, 창조, 번영의 정신이 담겨있다. 태극기에는 흰 바탕에 중앙에 태극 음과 양이 있고 네 귀퉁이에 4괘가 배치돼 있습니다.
   우리나라는 산 좋고 물 맑고 땅이 기름진 금수강산을 우리의 영토로 가 지고 있습니다. 예로부터 예의가 바른 나라 동방예의지국, 흰 옷을 즐겨 입는 백의민족이라 칭해 왔습니다. 흰 바탕은 여러 빛 중 제일 밝고 깨끗한 예의바른 순결한 민족이 사는 곳임을 흰색으로 표현한 것 입니다.
2. 가정에서 아버지는 양 어머니는 음입니다.
   아버지와 어머니가 서로 불화 없이 소통하며 화합하고 잘살아야 가정이 아이들과 함께 번성하며 행복하게 잘 살 수 있습니다.
3. 국가도 대통령과 정부는 양, 일반 국민은 음입니다.
   정부가 국민과 소통하며 잘 살기 위한 정책을 폄으로서 국민이 편안하게 잘 살 수 있는 것입니다.
   소통 없이 일방적인 정책으로 과다한 규제를 하며 통치를 하면 정부도 민도 피곤한 가운데 불만이 많게 되고 발전은 없게 됩니다.
4. 국회도 여당은 양 야당은 음입니다.
   국정을 논함에 있어 다수당의 힘으로만 밀어붙여 국정을 운영해 간다면 예의에 어긋나는 불평등이 발생할 수 있습니다. 소수의 의견도 존중하여 옳은 것은 채택하며 국정에 반영함으로서 균형 있게 안정적으로 평등한 사회를 만들 수 있습니다. 만약 힘의 논리로 강제로 밀어 붙여 평등과 자유의 국민 생활을 침해하게 되면 국민들의 저항의 심판을 받아 바른길로 돌아서게 되는 것입니다.. 그것이 태극 음, 양의 이치입니다.
(4괘는 국가가 국민들의 다양한 의견들을 수렴 다방면으로 발전하는 모습입니다.)

* 태극기는 우주와 자연과 과학의 문명과 더불어 새로운 융합을 통하여 길이길이 발전하고자 하는 대한민국의 깊은 이상이 담겨져 있습니다.

1. 태극기는 내 인생의 시간표이다.
   우리나라의 국기 태극기에는 자기 자신의 걸어온 길과
   걸어갈 길을 미리 알려주어 꿈과 희망을 가지고 아름답게
   살아갈 미래 설계기획과 용기의 교훈을 주는 시간표입니다.
   태극기에는 봄, 여름, 가을, 겨울이 담겨있다.
2. 태극기는 내 인생의 안내자 역할을 한다.
   현재의 위치를 알려주어 진로를 바꾸게도 하고
   꿈과 희망을 갖게 하며 성공으로 이끌어주는 역할을 한다.
3. 현재의 위치판단
   1) 출생 ---------25세 인생의 봄
   2) 25세 ---------45세 인생의 여름
   3) 45세 ---------65세 인생의 가을
   4) 65세 ---------100세 인생의 겨울

   1) 이괘  우리 인생의  봄  ― 꽃 교육과 성장기 (청소년기)
   2) 건괘  우리 인생의  여름 ― 성숙과 사회적 인정 (성숙기)
   3) 감괘  우리 인생의  가을 ― 사회적 출세 (인생의 황금기)
   4) 곤괘  우리 인생의  겨울 ― 인생의 사후준비 (노년기)

* 상기와 같이 태극기는 자기의 현 위치를 정확히 알려주고 미래에 대한 성실한 계획과 꿈, 희망의 교훈을 주는 세계에서 제일 훌륭한 국기입니다.

1. 태극기는 내인생의 시간표이다

   우리나라의 국기 태극기에는 자기 자신의 걸어온길과
   걸어갈 길을 미리 알려주어 꿈과 희망을 가지고 아름답게
   살아갈 미래 설계,기회와 용기의 교훈을 주는 시간표입니다.

   **태극기에는 봄, 여름, 가을, 겨울이 담겨있다.**

   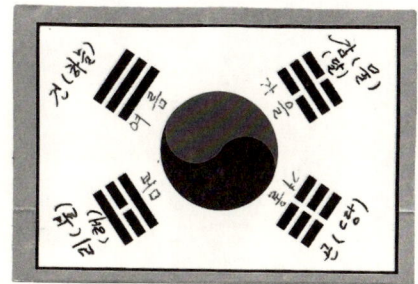

2. 태극기는 내인생의 안내자 역할을한다

   현재의 위치를 알려주어 진로를 바꾸게도 하고
   꿈과 희망을 갖게하며 성공으로 이끌어주는 역할을한다

3. 현재의 위치판단

   1) 출생 -------25세 인생의 봄
   2) 25세 -------45세 인생의 여름
   3) 45세 -------65세 인생의 가을
   4) 65세-------100세 인생의 겨울
   mmmmmmmmmmmmmmmmmmmmmmmmmm
   1) 이괘   우리인생의  봄 —꽃 교육과성장기      (청소년기)
   2) 건괘   우리인생의  여름 — 성숙과 사회직인정  (성숙기)
   3) 감괘   우리인생의  가을 — 사회적출세   (인생의 황금기)
   4) 곤괘   우리인생의  겨울 — 인생의 사후준비     (노년기)

**상기와 같이 태극기는 자기의 현위치를 정확히 알려주고 미래에 대한 성실한 계획과 꿈,희망의 교훈을주는 세계에서 제일 훌륭한 국기입니다

## 13. 태극기는 대한민국의 상징

국민은 국기에 대한 존엄성을 가지고 국경일엔
반드시 태극기를 게양해야 합니다.

나라사랑 태극기교육 강의 내용

1. 태극기의 사용과 규정의 연혁
2. 태극기에 담긴 의미
3. 태극기 깃면을 그리는 방법
4. 국기에 대한 경례 방법
5. 국기에 대한 맹세
6. 태극기의 올바른 게양 방법
7. 태극기의 게양일
8. 국기 게양대의 올바른 설치 방법
9. 국기의 관리 방법
10. 태극기와 태극문양의 사용 내용
11. 대한민국 국기법
12. 태극기 노래(황선기 작사, 황영일 작곡, 황선기 노래)
    태극기를 휘날리자(황선기 작사, 송재철 작곡, 황선기 노래)
    자랑스러운 태극기(황선기 작사, 김호식 작곡, 황선기 노래)
    예쁜 내사랑(황선기·박지원 작사, 김호식 작곡, 황선기 노래)

## 14. 태극기를 이해하는데 좋은 역사이야기
### - 병자수호조약

　일본은 1875년 무력을 사용하여 조선을 강제로 개항시키려고 군함 2척을 한국 연안에 파견하여 무력시위를 벌였다.

　남해안과 동해안을 탐측한 운요호는 1875년 9월 20일 강화도 동남쪽 난지도 부근에 정박하고 마실 물을 구한다는 이유로 수십 명이 보트에서 내려 연안으로 남측하면서 초지진 초대로 침입하였다. 이에 따라 조선 수비병은 일본의 보트에 포격을 가하고 일본은 즉시 초지진에 보복적인 포격을 감행하여 큰 손해를 입혔다.

　후퇴하던 일본군은 제물포 해안의 영종진에 포격을 가했으며 육전대까지 상륙시켜 살인, 방화, 약탈을 자행하였다. 이 전투에서 조선은 전사자 36명, 포로 16명, 조선 대포 36문, 화승총 130여 자루를 빼앗겼다. 반면 일본군은 경상자 2명뿐이었다.

　그러나 일본은 포격전의 책임을 조선에 전가하고 전권 대사를 파견, 개항을 요구하였다. 이로 인해 조선과 일본 양국 간에는 1876년 강화도조약이 체결되고 근대 자본주의 국가에 대한 문호개방이 이루어지게 되었다.

## 15. 임오군란 후 제물포조약

1882년 조선 황실에는 군대가 둘 있었다. 오랫동안 재래식 훈련으로 다져진 구식 군대의 군병과 고종의 왕비였던 명성황후가 개화를 시도하면서 만든 일본식 훈련 방법인 별기군이었다.

별기군이 생기면서 구식 군대에 속한 군병들의 대우가 형편없이 나빠지기 시작했다. 아무리 개화를 주장하는 명성황후가 만든 신식군대 별기군이 생겼다 하더라도 그동안 고생해온 구식 군병들을 차별하여 제때 주어야할 급료가 지급되지 않았다. 별기군이 생긴 이래 무려 일 년이 넘도록 구식 군병들한테는 쌀 한 톨 주지 않았다.

그러자 여기저기서 군병들의 불만이 터져 나오기 시작하였다. 군병들의 불만을 알아차린 선혜청에서는 일 년 넘게 밀린 월급중에 우선 한달치라도 주겠다고 약속하기에 이르렀다.

선혜청이란 구식 군병들의 쌀이며 옷감이며 돈을 관리하는 관청을 말한다. 그런데 군병들이 선혜청에 가서 막상 한달치 월급으로 받은 쌀을 보니 절반은 썩은 것이었다. 이에 격분한 군병들은 선혜청의 책임자 민경호와 경기도 관찰사 김보현을 죽이고 급기야 별기군을 만든 왕의 왕비인 명성황후가 거처하는 궁중까지 쳐들어가게 되었다. 뿐만 아니라 일본 공사관을 습격하고 별기군 호리모도와 그 졸병들을 모조리 죽였다.

이러한 사건이 벌어진 1882년 7월 19일 수요일을 가리켜 역사에서는 임오군란이라고 말한다. 일본 교관과 졸병들이 우리나라 군병들에게 죽임을 당했으니 보통 큰 사건이 아닐 수 없었다.

이 사건을 해결하기 위해 1882년 8월 30일 제물포에 와있는 일본 군함의 삼엄한 경비 속에서 일본 대표 하나부사 요시모토와 우리나라 대표 김홍집이 회담을 가졌다. 이 회담에서 결국은 일본의 강압에 못이겨 우리나라가 50만원을 배상하기로 했다. 그때 50만원이라면 지금의 화폐가치로 얼마나 될까? 자세히는 알 수 없지만 어마어마한 돈이었을 것이다.

배상금 외에도 일본 공사관의 일본 경비병 주둔은 물론 임오군란 주동자 처벌 및 일본 피해자 유족에게 위문금을 지불하기에 이르렀다.

일본 정부에 사과하는 사절단을 보내기로 하는 조약을 맺었는데 이것이 바로 제물포조약이다.

## 16. 수신사 박영효가 일본에서 사용한 태극기 모습

(1882년 10월 2일자 일본 시사신보)

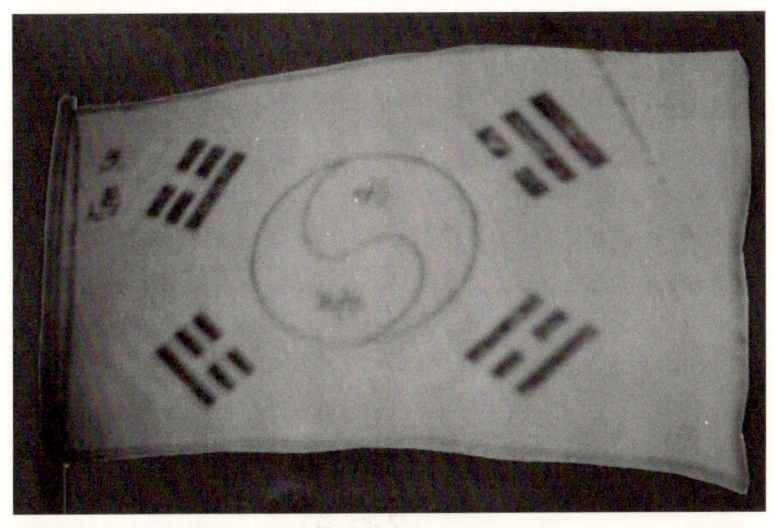

태극기선양운동중앙회 황선기 회장은 1992년 인천의 '인천상륙작전기념관' -태극기전시회에서 박영효가 일본에서 태극기를 처음 사용한 모습을 최초로 공개하다.(일본 시사신보 10월 2일자 보도)

## 17. 고려 국기

이 태극기는 서기 1886년 청나라에서 조약 및 외국사신의 서한 등을 모아 엮은 통상장정 성안휘 편과 통상약장유찬의 책에 실려 있는 태극기 그림이다.

이 깃발의 특징은 노랑색 바탕 위에 태극문양과 4괘가 그려져 있으며 태극음양의 머리 부분에 흰 점이 하나씩 있다.

# 18. 태극기의 올바른 이해

태극이란?

1. 태극이란 한마디로 우주 삼라만상의 진리를 표현한 것이다. 태극은 신비로운 것이므로 눈으로는 볼 수 없으나, 한번 고요하여 음을 낳고 또 한 번 고요하여 양을 낳는다하여 그 모양을 옛날 선각자들이 태극으로 명명 지어진 것이다. 그러므로 태극이란 우주 삼라만상 진리의 음양 화합체이다.(생성, 발전, 순환원리)

2. 동양 철학의 역에 태극이 있으니 태극이 양의를 낳고 양의(양·음)가 사상(건·곤감리)을 낳고 사상이 8괘 (건·태·이·진·손감·간·곤)를 낳는다고 되어 있다. 하나의 괘는 3개의 효로 구성되어 있으되 끊어지지 않은 효(—양효) 끊어진 효(-- 음효)라고 한다.

3. 8괘중 우리나라 국기 상에는 4괘 건·곤감리만 표시하였다. 그것은 이 4괘만 표시하면 그 사이에 있는 태·진·손간 4괘는 자동적으로 설명되기 때문이다. 그래서 역학에서는 건·곤·감·리 4괘를 정괘라 하고 나머지 4괘를 간괘라고 부른다.

4. 태극의 유래를 알려면 우주의 구성과 운행에 관한 신원한 천리를 기록한 주역을 뒤져야한다. 주역은 그 사상이 심원하여 만유의 근원과 인윤의 원리를 서술한 것으로 동양사상의 근본을 이루고 있

역학은 중국 상고시대(약 6천여 년 전)에 복희씨가 그린 괘에 대하여 주의 문왕이 해설을 붙이고 주공이 상세히 논하여 체계를 세운 동양철학의 고전이며, 공자가 다시 이에 깊은 원리를 첨가하고, 그후 송나라 주자를 비롯한 몇몇 학자들이 비로소 역리를 태극 도형에 맞추어 해설함으로서 역학을 이루게 된 것이다. 이 주역 속에는 천지간 삼라만상에 대한 오묘한 이치가 밝혀져 있으며, 그 무궁무진한 변화는 인간의 길흉까지 예견해 내기도 한다.

주역은 우주 만물의 변화 속에서 불변의 진리를 찾아내어 간단한 법칙으로 풀이한다는 뜻을 지니고 있다. 창조에서 발전 쇠망하는 우주 만물의 근원인 본질을 태극이라고 한다. 그리고 이 태극은 스스로 정과 동의 두 가지 면을 갖고 있는데, 이것을 음과 양이라고 하며 음과 양의 상호작용으로 이루어지는 여덟 가지 모습을 팔괘라 하고, 이 팔괘를 중심으로 만물의 모든 변화를 64케이스로 나눠서 해석하는 학문이 바로 역학이다.

역학을 창시한 복희씨는 역학 창시 동기를 이렇게 정하고 있다. 「하늘의 해와 달과 별들이 운행하는 모습과 일식 및 월식, 그리고 유성과 혜성 등의 움직임에 신비로움을 느끼고 땅의 산과 물, 비, 바람, 추위와 더위의 교체며, 새와 짐승들의 아름다운 자태에 황홀감을 느꼈으며, 가까이는 자기 자신의 생의 구조와 멀리는 삼라만상의 특성에 매혹되어 이들을 세밀히 관찰하여 유사한 것들을 골라 분류해서 공통된 점을 발견한데서 시작된 것이다.

태극은 위에서 말한 바와 같이 우주의 근원이요 만유를 그 안에 품고 있다. 그런 의미에서 태극은 살아있는 절대자요 일자요 일원이다. 태극은 스스로 음·양 운동으로 자신을 드러내며, 일정한 생성 과정을 거쳐 자신에게로 돌아간다.

5. 4괘의 이해

건곤 4괘중에서 건괘는 하늘을 의미하고, 곤괘는 땅을 의미한다. 태극기에 건·곤괘를 취한 것은 우리의 국운도 하늘과 땅과 함께 무궁함을 표시한 것이다. 이것은 「동해물과 백두산이 마르고 닳도록/ 하나님이 보우하사 우리나라 만세/ 무궁화 삼천리 화려 강산/ 대한 사람 대한으로 길이 보존하세」라는 애국가에도 잘 나타나 있다. 천명과 지리인 천리대로 나라가 길이 발전해 나가기를 바라고 믿는 겨레의 의지가 태극기에 담겨 있는 것이다. 타골이 우리나라를 시인의 영감으로 빛의 나라라고 읊은 것은 결코 우연한 일이 아니라 하겠다.

태극기에 표시된 리괘는 해를 의미하고 감괘는 달을 의미한다. 그것은 우리나라가 언제나 해와 달같이 사해에 길이 빛나는 나라가 되자는 광명의 정신을 나타내고 있다. 광명 —곧 빛은 어둠속에서 사방을 환히 밝히고 만인을 차별 없이 고루 비춰준다. 그리고 음·양의 깊은 원리에서 돌고 있는 해와 달은 꺼지지 않는 구원의 등화이다.

6. 태극기의 흰 바탕

우리의 조상들은 옛날부터 흰색을 좋아하여 백의민족이라고 부를 만큼 흰옷을 즐겨 입었다. 이것은 우리 민족성의 일면을 드러내는 것으로 티 없이 깨끗한 마음씨에서 우러난 것이다. 흰색은 잡것이 섞이지 않은 투명한 무색으로 순결을 상징하며 정의와 인도를 숭상하여 인류평화를 희구하는 정신을 나타내고 있다. 이것은 우리나라의 지리적인 풍토와 환경에서 우러난 대자연의 선물이다. 산 좋고 물 맑은 땅이 기름진 금수강산을 영토로 갖게 되어 남에 것을 탐내지 않고 살아오는 아름다운 국민성을 나타내고 있다 하겠다.

## 19. 일본의 만행과 조국의 광복

1910년 8월 29일부터 경복궁 근정전에 일장기를 걸어놓고 국권찬탈을 철저히 했다.

1945년 해방을 맞아 서울 남산의 국기게양대에 처음으로 태극기가 게양되고 있다.

## 때묻고(오염), 손상된 헌 태극기의 처리

(국내 첫 개발한 황선기)

〈전국의 시, 군, 구, 읍, 면, 동에 설치된
헌 태극기수거함에
넣어 모아서 소각 처리하도록 한다.〉

## 20. 태극기 그려보기 체험

아래의 태극기 제작 방법을 우선 자세히 읽어보고 머릿속에 비율을 입력시킨다.

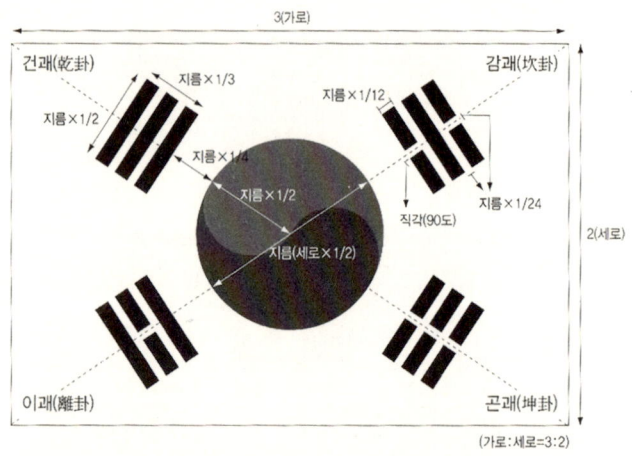

첫째 : 종이의 가로를 깃면의 길이라하고 세로를 너비라고 합니다
길이와 너비의 비율을 우선 3 : 2로 맞춥니다.
가령 길이가 30센티미터이면 너비는 20센티미터가 되겠지요.

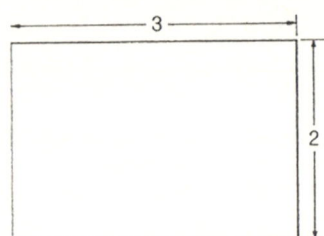

둘째 : 종이 비율을 3 : 2로 맞추었으면 끝점이 교차하도록 대각선을 그어봅니다.

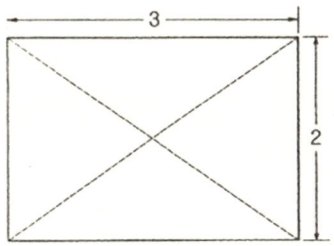

셋째 : 대각선의 교차점을 중심으로 너비 2분의 1의 원을 그립니다. 컴퍼스 긴 바늘을 교차점 중앙에 고정시키고 나서 세로 길이의 2분의 1만큼 원을 그립니다.

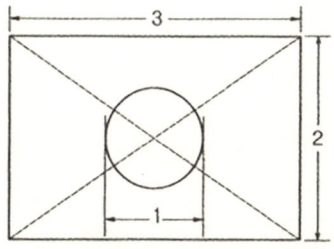

넷째 : 원 안의 대각선을 4등분하여 4등분된 길이가 반지름이
되게 태극문양의 반원을 그립니다.(원기린후반원지움)

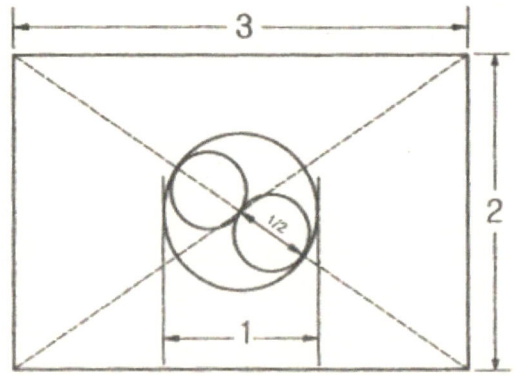

다섯째 : 이번에는 4괘를 그릴 차례입니다. 우선 4괘를 그릴
자리를 대가선 위에 연필로 슬적 표시해 둡니다.
그리고 왼쪽 위에는 건괘 그아래는 리괘, 오른쪽 위에는 감괘
오른쪽 아래는 곤괘를 그려 놓는것입니다.

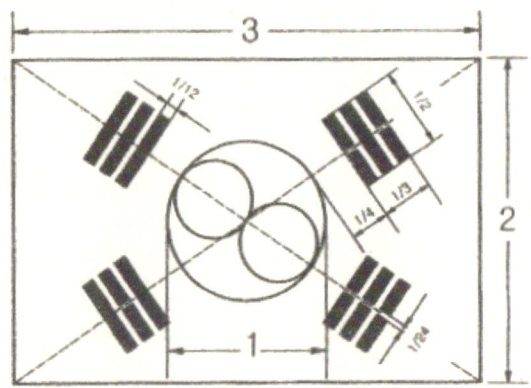

여섯째 : 괘를 그리기가 복잡해 보이나 차근 차근 수서대로 그리다보면 완성됩니다.

하나의 괘는 3개의 효로 구성 되는데 하나 하나를 보고 효,라 하며 끈어지지 않은 ― 효를 양효 ―― 이와같이 가운데가 끊어진 효를 음효,라합니다.효의 크기와 간격은 일정해야합니다. 효의 길이는 태극지름의 2분의1 깃면 너비의 4분의1 괘의 너비는 태극 지름의 3분의1 .우선 길이와 너비를 구한다음 4등분하면 한개의 효너비가 나옵니다.

그리고 효와 효 사이와 음효의 끊어진 부분은 같은 간격으로 합니다

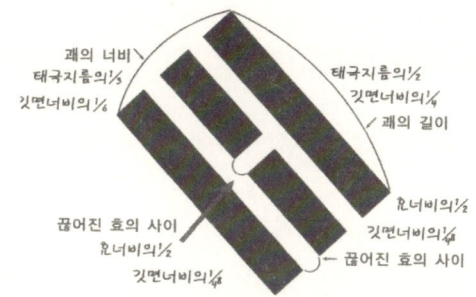

일곱번째 :이제 다 그렸으니 색칠을 하면 됩니다.
　　　　　태극의 위부분은 붉은색 아래는 청색 4괘는 검정색
　　　　　이상 알려드린 방법대로 그리면 태극기가 완성됩니다

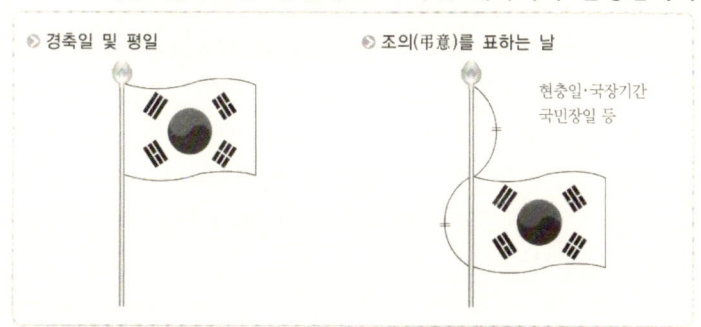

※ 태극기를 조기로 게양할 경우에는 다른 기도 조기로 게양하여야 함

## 21. 태극기박물관 추진 배경

　4괘와 태극문양은 세계 240여 개국 중 유일하게 반만년 역사 속에 우리민족이 지금껏 수천 년 동안 우주의 신비스런 운행과 심원한 천리를 담고 있는 태극문양을 국기로 삼아 사용해 오고 있습니다.
　신라 백제 고구려 삼국시대에도 조선시대에도 상서롭고 신비스러운 행운과 지킴의 징표로 서울의 남대문, 동대문, 서대문과 종묘 등과 각종 생활용품, 문갑, 벼루, 베갯닛, 지붕의 기와 등에 아로새겨 애용해 왔습니다.
　태극기는 우리민족이 이민족의 침입을 받을 때마다 슬픔과 기쁨과 애환을 함께해온 소중한 애국심의 상징 깃발이었습니다.
　조선시대엔 판옥선에 게양하여 왜적과 싸울 때도 -특히 대한제국의 국권상실의 치욕의 일제 36년간은 전국 각 지역과 해외에서 우리의 주권을 되찾고자 비밀리에 태극기를 만들어 피와 눈물로 목숨 바쳐가며 일제에 항거하였던 독립운동의 산증표가 아니겠습니까.
　1945년 8월 15일 일본 제국주의로부터 해방이 되었을 때 온 국민은 손에 손에 태극기를 휘날리며 감격의 눈물을 흘렸습니다.
　1948년 8월15일 대한민국 정부가 새롭게 태어났을 때도 온 국민들은 태극기를 들고 환호하였습니다. 그러나 광복의 기쁨과 정부수립의 기쁨이 채 가시기도 전에 1950년 6월25일 새벽 동족상잔의 비극, 북한 공산주의자들이 남침을 감행하여 3일 만에 인천과 서울이 함락되고 2개월 만에 전국토의 5/4를 빼앗겨 전국토의 공산화 일보직전의 위기에 놓여 있었던 것입니다.
　1950년 9월15일 인천상륙 작전개시 한국해군과 미국해군의 맥아더

총사령관의 과감한 인천상륙작전의 개시와 성공으로 우리의 영토와 자유를 되찾았을 때도 온 국민은 태극기 앞에 하나 되어 슬픔과 기쁨을 함께 나누었습니다.

우리나라가 6·25 전쟁으로 인하여 50~60년대에는 먹을 것, 입을 것 없던 세계 최하위 빈곤 국가였습니다. 현재는 어떠합니까.

1962년부터 추진한 경제개발5개년 계획의 계속적인 추진으로 성공을 이루었고, 온 국민이 태극기 앞에 하나 되어 맹세하며 잘살아보자고 노래부르며 합심하여 추진했던 새마을운동의 큰 성과로 -현재는 세계 10위권의 경제대국을 이루었습니다.

세계 각국이 부러워하며 대한민국의 성장과정을 모델로 삼아 배움이 되고 있는 위대한 나라가 되었습니다. 태극기는 독립국가인 엄연한 대한민국의 상징 깃발로서 국기법 5조에 명시된 바와 같이 온 국민이 존엄성을 가지고 존중과 애호를 하여야만 합니다.

그러나 작금의 현실은 그러하지 못하고 국가의 국경일에도 현충일에도 국기의 게양률이 2~3%에 불과하고 국기에 대한 경례도 일부에서는 외면하는 등 국민화합에 상처를 주는 너무나 안타까운 현실입니다.

이러한 대한민국의 정체성에도 위협이 되고 있는 현실을 직감, 태극기박물관의 필요성을 절실히 느껴 -태극기 탄생의 원고장인 인천지역 또는 충남 예산에 태극기박물관 건립기획을 세우게 되었습니다.

-사단법인 태극기선양운동중앙회 회장 황선기

## 22. 태극기박물관 취지문

태극기는 대한민국을 상징하는 국기로서 국민 단결의 상징이요 국가 위신의 표상입니다. 태극기에는 일제 강점기 36년 동안 우리의 독립을 위해 혈루의 투쟁을 전개하고 있던 동안 온 겨레가 몽매에도 잊을 수 없는 민족 독립의 구심점이었습니다. 1945년 우리나라가 일제로부터 해방되었을 때 온 국민이 손에손에 태극기를 휘날리며 목이 터져라 대한독립만세를 불렀던 독립운동 상징인 태극기! 기뻐 감격에 눈물 흘리며 휘날리던 감격의 태극기입니다. 1948년 대한민국 정부수립 때 중앙청에 휘날리던 감격의 태극기입니다. 이러한 기쁨도 채 가시 전에 불행하게도 1950년 6월 25일 새벽 인민공화국 북한군의 갑작스런 남침으로 또다시 빼앗겼던 우리의 생명과 같은 소중한 태극기인 것입니다. 이 태극기를 되찾기 위해 태극기를 가슴에 품고 쓰러져간 충용한 우리의 국군과 미국을 비롯한 유엔군이 그 얼마였는가요. 자그마치 약 5백만 명의 사상자와 천만 이산가족이 생겼습니다. 이것이 민족상잔의 엄청난 비극이 아니고 무엇이겠습니까. 이와 같이 우리나라의 국기 태극기에는 선열들의 피와 눈물, 총칼로 지켜온 깃발이기에 더욱 소중한 것입니다. 이러한 소중한 국기, 태극기에 대해 유래와 태극기에 담긴 의미, 올바른 게양 방법과 관리 방법 등 자료들을 한데 모아 박물관에 전시하고 학생들에게 교육함으로써 자라나는 2세들에게 올바른 국가관과 애국심, 국기의 존엄성 등을 일깨우게 하는 좋은 계기를 마련코자 합니다.

## 23. 태극기박물관의 인천 건립 동기 역사성

　대한민국 국기인 태극기는 1875년 강화도 초지진 진지 쪽에 침투한 일본군함 운요호사건을 계기로 국기의 필요성과 소중함을 깨달았습니다. 1882년 5월 22일 인천 화도진에서 조미통상수호조약 체결시 대조선국의 국기로 처음 사용한 것이 태극기가 국기로 탄생하게 된 최초의 원인이었습니다. 그 이후 1882년 7월19일 고종의 왕비였던 명성황후가 개화를 시도하면서 만든 일본식 훈련방법의 별기군과 구식군대와의 충돌로 일본 교관과 군졸들이 우리나라 군병들에게 죽임을 당한 임오군란의 수습으로 1882년 8월30일 일본과 체결한 인천의 제물포조약으로 일본정부에 사과하는 사절단을 보내기로 하였는데 특명 전권대신으로 박영호와 젊고 유능한 젊은 정치인 김옥균, 서광범, 홍영식 등 15명의 수신사와 함께 1882년 9월20일 인천제물포항을 출발 메이지마루 기선 편 일본으로 향했습니다. 배 안에서 고종께서 암시했던 8괘 태극기를 영국총영사관 아스톤과 영국인 선장 제임스의 자문을 받아 8괘를 4괘로 수정한 태극기를 배안에서 대·중·소 3개를 그려 일본에 도착 고베의 니시무라야 숙소에 게양하였습니다. 그 후 도쿄로 건너가 도쿄에서도 사용하였습니다. 일본에 있는 동안 영국, 독일 등 여러 나라에서 -대조선국의 국기를 그려갔으며 박영효와 일행이 귀국 후, 그 이듬해인 1883년 3월6일 날 고종황제께서는 대조선국의 국기로 태극기를 사용하기로 국민들께 공식 반포하였습니다. 상기와 같이 인천지역은 대한민국의 국기 태극기의 사용과 탄생에 직접적인 밀접한 관계에 있는 도시입니다.

## 24. 태극기박물관 운영 세부기획

1. 박물관의 시설관리 및 유지 보수
   1) 박물관의 소유는 인천광역시로 한다.
   2) 박물관 건물의 시설관리는 원칙적으로 인천광역시에서 한다.
   3) 시설관리 유지보수 비용은 인천광역시에서 부담한다.

2. 박물관의 위탁운영
   1) 태극기박물관은 필요에따라 운영의 효율화를 기하기 위해 사)태극기선양운동중앙회, 사)대한민국통일건국회에 위탁 운영한다.
   2) 위탁운영시 운영에 필요한 제반경비를 시에 요청 승인을 받아 운영하며, 단체에서 경비요청 시 특별한 하자가 없는 한 승인하여 운영상의 차질이 없도록 해야 한다.

3. 위탁운영시 시에서 직접관여 처리할 수 있는 일
   1) 건물의 유지 보수에 관한 일
   2) 건물의 시설(새로 설치, 이전 등)에 관한 사항
   3) 건물의 유지보수에 필요한 전기, 수도, 냉난방의 설치 및 요금 납부에 관한 사항 등은 시에서 직접 관여 처리한다.
   4) 건물에 필요한 사무실, 교육자료실, 영상자료실, 전시자료실 등을 마련한다.
   5) 건물의 안전보호와 전시물품의 보호를 위해 CCTV설치 및 청원경찰 경비원을 둔다.
   6) 박물관 내부의 시설물(영상자료, 교육자료, 전시자료)등은 시의 자

산으로써 시의 지원예산으로 설치한다.
7)집기(책상, 의자, 탁자, 전화)등은 원칙적으로 시의 지원자금으로 구입하며 차후 필요시 반납하여야 한다.

4. 위탁받은 단체에서 할 수 있는 일
   1)시설내부에 설치된 영상물 사용(추가필요시 추가 설치 요청)
   2)교육자료실의 운영-운영의 효율성을 높이기 위해 단체자체 프로그램을 계획 운영한다.
   3)자체 프로그램은 방문객들과 태극기에 대한 존엄성과 애국심 고취에 도움을 주는 프로그램이어야 한다.

태극기 강의실 운영, 태극기 그리기와 만들기 체험실 운영, 태극기 포퍼먼스와 예술공연단의 운영 교육자료실의 운영에 필요한 경비는 단체에서 시에 요청, 시의 승인을 받아 승인된 자금으로 집행한다.

## 25. 태극기박물관 관리 운영계획

1. 어린이(어린이집, 유치원생)들과 초등학생, 중학생, 고등학생, 대학생과 사회 민간단체 및 일반인들을 초대하여 관람케 하고 태극기의 소중함과 유래와 담긴 의미를 올바른 게양방법 관리방법 등 교육을 통하여 국가관과 애국심 고취.
2. 교육장소
    1) 인천시립박물관 강당
    2) 인천상륙작전 강당(박물관 강당사용 불가 시)
    3) 전시품의 관리와 설명과 교육 위해(관리인, 해설사, 강사를 둔다)

**태극기박물관설치계획에 따른 인천광역시 및 박물관 지원 요구사항**

1. 전시품의 품의와 안전을 위해 박스(유리함 포함) 설치가 요망됨.
2. 전시품의 품의 유지를 위해 시설 전문가들의 자문을 받아 벽면설치와 전시품 배열 등 자문 요망함.
3. 전시할 태극기의 설치 제반 비용과 관리 및 해설사와 강사 등 3명에 대한 월 급여 지원.
4. 태극기박물관이 하루 속히 건립되어 어린아이들부터 성인에 이르기까지 올바른 국가관과 애국심이 살아나기를 기대합니다.

### 태극기박물관 설치 및 운영계획

1. 태극기 박물관 취지문
2. 태극기의 사용과 규정의 연혁
3. 태극기의 내력
4. 태극기에 담긴 뜻
5. 전시할 실물 태극기 명세
6. 전시할 실물 태극기 세부 설명서
7. 태극기박물관 관리 운영계획
8. 태극기박물관 설치 계획에 따른
   인천광역시 및 박물관 지원 요구사항

## －대한민국 역사와 함께해온 실물 태극기－

**혈염(血染) 태극기**　　　　　　　　　　　대한제국 | 52×26cm | 태극기선양운동중앙회 소장

옥색 명주천에 태극 문양과 4괘를 그려 넣은 태극기로 우리나라에서 가장 오래되었다고 알려진 데니 태극기와 유사하다. 특히 태극 문양의 홍색부분을 피로 물들인 혈염(血染) 태극기로서 가치가 매우 높다

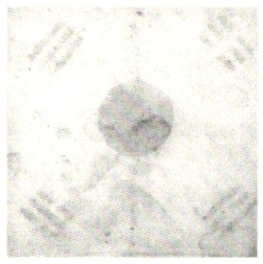

**정사각형 태극기**

대한제국 | 51×51cm | 태극기선양운동중앙회 소장

두터운 흰색 바탕의 정사각형 광목천에 태극 문양과 4괘를 그려 넣은 태극기로 4괘의 위치가 건-이-곤-감의 순으로 되어 있어 지금 사용하는 태극기와는 다른 배치를 보인다 태극 문양과 4괘의 간격 또한 다르게 제작되었다. 이 태극기는 1895년경 사헌부 감찰을 지낸 황만수가 만들어 사용한 것으로 알려져 있으며, 정사각형 모양의 태극기는 국내에서 유일한 것으로 추정된다

**인천상륙작전 당시 UN군 환영 태극기**

대한제국 | 56×45cm | 태극기선양운동중앙회 소장

두터운 광목천에 태극 문양과 4괘를 그려 넣은 태극기로 가로, 세로 비율과 음효의 간격이 지금의 것보다 넓게 만들어진 것이 특징이다 끈의 고정부분도 가죽이나 비닐이 아닌 천을 오려붙여 튼튼하게 만들었다 인천 중구 인현동에 거주하던 고 최기순 할머니가 보관하던 것으로 1950년 9월 15일 인천상륙작전이 성공한 뒤, 인천시청에서 있었던 인천수복기념식 때 흔들었던 태극기다

### 8.15 광복 당시 사용한 태극기

대한제국 | 52×40cm | 태극기선양운동중앙회 소장

흰 바탕의 광목천에 그려진 것으로 태극 문양 및 4괘의 위치와 형태가 지금의 태극기와 차이가 거의 없다. 다만 가로, 세로 비율과 4괘 중 음효의 간격이 조금 넓게 만들어 진 것이 특징이다.
이 태극기는 1987년 당시 서울 서대문구 아현동에 거주하던 박희득씨의 모친이 일제강점기 때 비밀리에 만들어 사용하던 것으로서 1945년 8월 15일 광복 당시 거리에 들고 나와 흔들던 태극기다.

### 비밀결사 태극기

일제강점기 | 70×88cm | 태극기선양운동중앙회 소장

옥색 바탕의 광목천 중앙에 세 개의 동심원을 박음질하여 붙이고 그 위에 '巫'자와 '匕'자를 박음질했다 동심원 외곽에 건-곤-감-이의 4괘가. 그 사이마다 동일한 형태의 문양이 박음질된 형태를 띠고 있고, 4괘와 그 사이의 문양은 흰색 바탕천에 흑색과 청색 천을 섞어서 박음질했다. 일반적인 태극기와 전혀 다른 형태를 하고 있어 일제강점기 일본 헌병의 눈을 피해 독립운동을 하던 비밀결사 조직에서 사용했던 태극기로 추정된다.

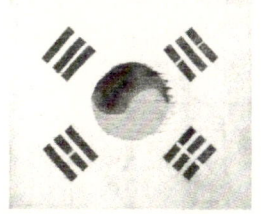

### 일장기 위에 그린 태극기

1945년 | 47×40cm | 태극기선양운동중앙회 소장

일제강점기 일장기로 사용하던 깃발에 태극 문양과 4괘를 그려 넣어 만든 태극기. 일장기의 붉은 원에 파란색 물감을 사용하여 '음(陰)'을 그려 넣었고, 외곽에 검정색 물감으로 4괘를 그렸다.
일장기 바탕에 태극 문양과 4괘를 그려 넣다 보니 태극 문양과 4괘의 위치를 틀리게 배치했으며, 4괘 미디 효(爻)의 간격이 일정치 않다. 광복을 맞아 거리로 몰려 나와 기쁨을 함께 누렸던 국민들이 태극기를 구하기 어렵게 되자 일제강점기 때 사용하던 일장기를 변형하여 급조했던 것으로 보인다.

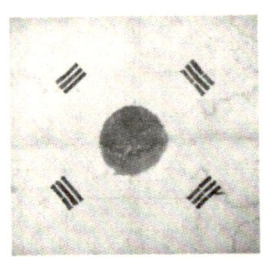

### 광복 후 직접 제작한 태극기
1945년 | 61×57cm | 태극기선양운동중앙회 소장

충남 예산군 응봉면 입침리에 살던 황규학 선생이 광복을 맞아 손수 제작한 태극기이다. 흰색 명주천 바탕에 태극 문양과 4괘를 손으로 직접 그려 넣은 태극기로 태극 문양과 4괘의 위치가 전체적으로 어색한 느낌을 준다. 광복 직후 태극기의 보급이 원활하지 않자 국민들은 이처럼 손수 제작한 태극기를 들고 거리로 나와 기쁨을 함께 누렸다

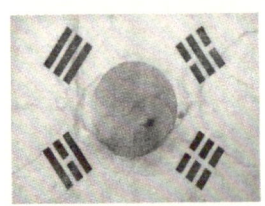

### 광복 후 강원도 지역 사용 태극기
1948년 | 54×40cm | 태극기선양운동중앙회 소장

흰색 광목천에 태극 문양과 4괘를 인쇄한 태극기이다. 광복 후 전국적으로 태극기가 보급되었는데 정해진 양식이 없어 지역에 따라 형태와 문양이 제각각인 태극기가 사용되었다. 1949년 10월 15일 정부는 국기 제작법을 제정해서 통일된 양식에 따라 태극기를 제작하게 했다. 이 태극기는 국기 제작법 제정 이전인 1948년경 강원도 지역에서 사용되었던 태극기로 국기 제작법에서 규정한 통일 양식과 유사하게 만들어졌다.

### 1950년대 경기도 지역 사용 태극기
1950년대 | 54×40cm | 태극기선양운동중앙회 소장

흰색 광목천에 태극 문양과 4괘를 인쇄한 태극기로 1950년대 제작되어 인천, 수원 등 경기도 지역 일반 가정에서 게양했던 것이다.

### 1950년대 충남 천안 지역 사용 태극기
1950년대 | 59.5×41cm | 태극기선양운동중앙회 소장

흰색 광목천에 태극 문양과 4괘를 인쇄한 태극기로 1950년대 제작되어 충청남도 천안 지역에서 사용하던 것이다. 왼쪽 모서리에 깃대에 묶을 수 있는 끈이 부착되어 있으며, 이를 튼튼하 하기 위해 면을 한 겹 덧대어 박음질 한 것이 눈에 띤다. 4괘의 음효(陰爻) 사이 간격이 좁은 것이 특징이다.

### 광복 후 전북 군산 지역 사용 태극기
1948년 | 54×40cm | 태극기선양운동중앙회 소장

1948년 정부 수립 직후 제작된 태극기로 흰색 광목천에 태극 문양과 4괘를 인쇄했다. 광복 직후에 제작된 태극기에 비해 괘의 폭이 좁은 편이다.

### 6.25전쟁 당시 충남 예산 지역 사용 태극기
1949년 | 54×41cm | 태극기선양운동중앙회 소장

1949년 10월 15일 공포된 국기 제작법에 따라 새롭게 제작된 태극기로 흰색 광목천에 태극 문양과 4괘를 인쇄했다. 충남 예산군 응봉면 입침리에 살던 황규학 선생이 북한군을 피해 집 뒷산 방공호에 숨어 지내며 보관했던 것으로, 태극 문양과 4괘의 색상이 뚜렷하다.

### 6.25전쟁 당시 강원도 철원 지역 사용 태극기
1950년대 | 60×42cm | 태극기선양운동중앙회 소장

흰색 광목에 태극 문양과 4괘를 인쇄한 태극기로 6.25전쟁 당시 강원도 철원지역의 어느 부대에 게양되었던 것이다. 광목천의 네 귀퉁이가 해진 것으로 미루어 오랜 기간 게양되었던 태극기로 추정된다.

### 6.25전쟁 당시 충남 예산 지역 사용 태극기
1950년대 | 64×55cm | 태극기선양운동중앙회 소장

흰색 광목에 태극 문양과 4괘를 그려 넣은 태극기로 6.25 전쟁 당시 충남 예산경찰서에 게양되었던 것이다. 손으로 제작한 것이라 4괘의 효(爻) 두께가 일정치 않으며, 태극 문양이 다른 태극기에 비해 크게 그려져 어색한 느낌을 준다. 예산고등학교 씨름지 백장현 이시장이 경찰공무원으로 재직할 당시 소장했던 것이다.

**1960년대 부평 수출 4공단 사용 태극기**
1960년대 | 180×128cm | 태극기선양운동중앙회 소장

1965년 부평구 청천동과 계양구 효성동 일대가 한국수출산업 4공단으로 지정되면서 이곳에 게양되었던 대형 태극기로 나일론 재질에 태극 문양과 4괘를 인쇄하였다. 당시 낙후된 염색기술 때문에 태극 문양의 양(陽)과 음(陰)의 적색과 청색이 서로 번지는 일이 빈번히 발생하면서 이를 방지하고자 둘 사이에 비어있는 얇은 공간을 두고 태극 문양을 인쇄했다. 이 태극기의 태극 문양에서도 이러한 흔적을 볼 수 있는데 가운데 흰 선이 그것이다.

**박정희 대통령 하사품 자수 태극기**
1969년 | 47.5×33cm | 태극기선양운동중앙회 소장

고급 원단에 태극 문양과 4괘를 자수로 새긴 태극기로 1969년 부평 수출 4공단에 농산물가공회사인 한일식품을 설립한 김덕승 당시 한국 마사회장에게 박정희 대통령이 선물한 것이다. 김덕승 마사회장은 5.16 당시 박정희 장군을 도왔던 인물로 1963년부터 7년간 마사회장을 역임했고, 한일식품 설립을 시작으로 기업인의 삶을 살았다. 이 태극기는 김덕승 회장이 한일식품 사장실에 걸어 두었던 것이다.

**깃봉**
현대 | 태극기선양운동중앙회 소장

태극기를 게양할 때 사용하는 깃대의 상단을 장식하는 깃봉은 아랫부분에 꽃받침 5편이 있는 둥근 형태의 무궁화 봉오리 모양으로 하고, 그 색깔은 황금색으로 하며 깃봉의 지름은 깃 면 너비(가로)의 1/10로 한다. 전시된 깃봉은 유리, 나무, 도자기, PVC 등 다양한 재질로 만들어진 것이며, 실제 사용되었던 것들이다.

## 26. 태극기선양 유공자 표창

### - 92주년 3·1절 행사(2010년)

1) 단체수상
   1. 한국자유총연맹 서구지회
   2. 한국자유총연맹 인천남구지회
   3. 인천계양구 계산택지 부녀연합회
   4. 인천부평 산곡4동 경남아파트부녀회
2) 피로 태극기 그리기 참여자
   1. 목 사 - 신요셉 수상자
   2. 목 사 - 정명석 수상자
   3. 가 수 - 엄태웅 수상자
   4. 예술단장 - 방옥순 수상자
   5. 태극기선양회장 - 황선기(혈서참여자)
3) 혈서로 '대한독립만세' 삼창 쓰기 참여자
   1. 서성식 - 국제장애인교류협회 인천지회장 수상자
   2. 박규식 - 통일교육위원 수상자
   3. 방옥순 - 태극기선양운동중앙회 예술단장 수상자
   4. 강은혜 - 시인·시낭송가 수상자
   5. 김정은 - 가수 수상자
   6. 최종관 - 신장 환우 수상자
   7. 남궁우 - 희귀 난치성질환 대표 수상자
   8. 박수정 - 가수 수상자
   9. 권선출 - 밸리댄스 대표 수상자
   10. 황선기 - 태극기선양운동중앙회 회장

## 27. 태극기선양 유공자 표창 발굴 표준

1. 기관표창 (시·군·구)
2. 단체표창 (시·군·구의 지역단체 포함)
3. 개인표창 (공무원·아파트자치회장·노인회회장·통반장 등)

위 해당 단체나 개인
1. 사) 태극기선양운동중앙회에서 선정 심사하여 표창
2. 추천을 받아 태극기선양운동중앙회에서 심사 표창

공이 지대한 개인과 단체
1. 장관상
2. 국무총리상
3. 대통령 표창을 정부에 추천함

표창대상
지역에 태극기달기운동을 적극추진 태극기보급 및 게양율을 70% 이상 끌어올린 기관, 단체, 개인.

## 28. 대한민국의 상징 무궁화꽃

詩 황선기

강열한 찜통더위 여름 장마철 하루 종일 양동이로
쏟아 붓듯 장대비가 내려 천지가 물바다 되었다

내가 제일 좋아하는 아름다운 꽃 무궁화
다섯 개의 꽃잎마다 빗방울이 눈물처럼 똑똑 떨어진다.

하늘에는 천둥이 천지를 진동시킨다
하늘에는 번개가 빤짝 빤짝 수놓는다
하늘에는 비바람이 몰아친다.

그러거나 말거나 삼천리금수강산에서 백일동안
곱게 피어나는 무궁화 꽃 너는 참 예쁘다

부지런한 너는 새벽부터 온종일 피었다가 사람들이
고이 잠든 저녁 곱게 아무는 처녀 같은 꽃 무궁화!

일제강점기 대한독립만세 소리를 들으며 국민들의
사랑을 독차지한 독립운동 상징 꽃 너 참 고맙고
아름다운 꽃이기에 대한민국 상징 꽃이 되었단다.

## 29. 황선기의 무궁화꽃 관찰과 정부에 건의 사항
－대한민국 상징 꽃 무궁화, 꽃 중의 꽃 으뜸나무 무궁화

1. 개화 시기와 꽃의 수, 번식, 식용 및 의약재료

　무궁화는 지역에 따라 나무에 따라 다르긴 하지만 6월말부터 10월까지 100일 동안이나 피고 지고 피고 지고 새롭게 매일 피어나는 진취적이며 생명력이 강한 나무다.
　개화는 밤 12시부터 서서히 꽃잎이 피기 시작하여 새벽 3시~6시 정도면 새로운 꽃이 활짝 피어난다. 오후 3시경부터 서서히 꽃잎이 지기 시작하여 밤12시면 완전히 둥글게 피기 전 모습처럼 꽃잎이 단심 중심으로 비바람에도 수정된 부분이 상하지 않도록 꽃잎이 닫힌다.
　꽃송이 수는 보통 한그루에서 일 년에 1~3천 송이의 꽃이 매일 가지마다 몇몇 송이씩 새롭게 아름다운 모습으로 피어난다.
　꽃의 중앙엔 단심이 있는데 단심 아래엔 꿀샘이 있고 번식을 위한 암수술과 숫수술 함께 피어 오전 6시쯤부터 꽃가루가 생겨 벌과 나비 바람에 의해 자연스럽게 수정되어 씨를 맺게 된다.
　번식은 씨와 꺾꽂이로 쉽게 할 수 있으며 영양분이 많은 무궁화는 잎·씨·꽃봉우리·꽃잎 등은 식용으로 사용되며, 꽃잎은 가공하여 질병예방이 되는 차로 사용한다. 우리 한의학의 지침서인 동의보감과 중국의 본초각목 등 서적에 기록된 것을 보면 현대의학에서는 항균작용 성분이 있다는 것이 과학적으로 확인되어 각종 치료재로도 사용되고 있다. 앞으로 대한민국의 상징인 무궁화 꽃나무가 삼천리강산에서 더욱 만발하고 많이 심고 잘 가꾸어 나라꽃다운 대접을 받기를 원한다.

* 정부에 건의한다.


 아파트, 빌라, 단독주택 등 집을 지을 때 정원수로 몇 그루씩은 꼭 심도록 제도 마련과 대한민국 상징인 애국가와 더불어 국화國花 무궁화도 국회에서 공식 법률로 제정 위상을 높여줄 것을 강력히 요청합니다.

# 30. 무궁화의 영어명칭과 무궁화의 최초 한글 표기

* 무궁화의 영어 명칭 "Rose of Sharon"

Sharon(샤론)은 성경에 나오는 '성스럽고 선택 받은곳'을 뜻한다. Rose(로즈)라는 표현은 '아름다운 꽃'을 의미한다. 즉 무궁화는 '성스럽고 선택받은 곳에서 피어나는 아름다운 꽃'이란 의미를 갖고 있다.

* 무궁화의 최초 한글 표기

무궁화는 영원히 피고 또 피어 지지 않는 꽃, 영원무궁토록 빛나 겨레의 환한 등불이 되어질 꽃이란 의미를 갖고 있다. 오늘날 우리가 사용하고 있는 무궁화라는 명칭은 목근木槿이라는 한자음이 변한 순 우리말이다. 한편 무궁화의 최초 한글표기는 한글창제 이후인 1517년 최세진이라는 학자가 저술한 '사성통해'라는 문헌에 처음 나온다.

* 무궁화의 종류(색에 의한 분류)

배 달 계 : 흰색의 무궁화를 말하며 배달민족에서 유래.
백단심계 : 흰색의 꽃잎에 붉은 중심부(단심)가 있는 꽃, 지조를 의미.
적단심계 : 붉은색 꽃잎에 더욱 붉은 중심부(단심)가 있는 꽃.
자단심계 : 자주색 꽃잎에 붉은 중심부(단심)가 있는 꽃.
청단심계 : 푸른 색 꽃잎에 붉은 중심부(단심)가 있는 꽃.
아사달계 : 흰색의 꽃잎에 붉은색 무늬가 꽃잎 가장자리에 같은 방향으로 있는 꽃. 단심, 열정, 젊음, 사랑, 지조 의미.

# 31. 깃봉의 연혁과 변천 모습

1. 1883년 3월6일 대조선국의 국기를 태극기로 고종황제께서 공포할 당시만 해도 깃봉에 대한 얘기는 전혀 없었다.
2. 1907년 순종이 황제에 즉위하였을 때 각 관공서와 마을마다 집집마다 경축 태극기를 게양하였으나 이때 깃봉 없이 태극기만 게양되었다.
3. 1900년대 외국에서 발행된 우편엽서나 홍보물에 그려진 태극기에는 둥근 원형의 깃봉이 그려진 것을 볼 수가 있다.
4. 국내에서의 실제 게양대에 깃봉의 게양은 우리민족의 수치인 1910년 한일합방이 된 이후 각관서와 가정의 게양대에 원형의 깃봉을 달아 일장기를 게양했다.
5. 이때 사용한 깃봉은 황금색 유리봉이었으며,
6. 1945년 8월15일 해방되면서 미군정 문교당국에서 연꽃 상징의 연화봉을 결정 사용하였다.
7. 1948년 대한민국 정부가 들어서면서 연화봉은 태극기의 본연 및 우리민족의 정기와는 소원한 감이 있다는 단체의 지적 및 정부에 건의에 따라,
8. 1949년 1월 이승만 대통령의 국기통일 사용에 대한 특별 지시로 문교부에 설치된 국기시정위원회에서 우리국가와 민족이 여실히 상징하고 있는 무궁화봉오리형의 봉으로 하기로 결의하고 빛깔은 외관상 태극기색상과 조화가 잘 맞고 미의 극치인 황금색으로 결정됐으며 재료는 초자원료의 유리봉으로 하기로 하였다.
9. 2007년 1월 26일 태극기 및 깃봉의 규정이 법률로 격상되었다.

## 32. 3·1절 제100주년 경축행사 개회사

　금년은 우리의 애국선열들께서 일본 제국주의로부터 빼앗긴 우리의 주권을 되찾고자 태극기를 구심점으로 굳게 뭉쳐 목숨 바쳐 피와 눈물로 독립운동을 해온지 100년이 되는 뜻 깊은 해입니다.
　일본은 1905년 강제로 을사보호조약을 체결하고 우리의 외교권을 강탈해갔으며 치욕의 1910년 8월29일엔 한일합병으로 우리의 영토와 주권을 빼앗아갔습니다. 그리고 우리의 말과 글, 농촌에서 생산되는 농축산물과 금과 석탄 등 산업 전반을 빼앗아 갔으며 심지어 우리의 이름마저 일본 이름으로 바꾸는 등 말살정책으로 자유와 평화가 사라진 암흑의 시대였습니다.
　태극기는 대한민국 그 자체이며 우리의 생명과도 같은 소중한 깃발입니다. 우리의 애국선열들께서는 우리의 영토와 주권을 되찾고자 비밀리에 태극기를 만들어 맹세하고 손에 손에 태극기를 휘날리며 대한독립만세 운동을 미국과 중국 구소련 유럽 등 국내외에서 활발히 전개해 왔던 것입니다.
　1945년 8월6일과 9일 일본의 히로시마와 나가사끼에 미국이 개발한 최첨단 신무기 원자폭탄을 투하하자 일본천황은 황급히 1945년 8월15일 미국을 비롯한 연합군에 항복하였습니다.
　일본 천황은 드디어 미국의 총사령관 맥아더장군에게 모든 점령지역을 반환하겠다고 서명하였습니다. 이러한 어려운 과정을 거쳐 우리나라가 36년 만에 일제로부터 해방되었을 때, 너무도 기쁜 감격에 눈물을 흘리며 온 국민 손에 손에 태극기를 흔들며 환호하던 감격의 태극기였습니다.

1948년 8월15일 대한민국 정부수립의 독립만세 환호의 태극기였습니다. 그러나 그 기쁨도 채 가시기 전에 1950년 6월25일 북한의 남침에 의해 수백만의 인명 피해와 1,000만 이산가족이 발생했습니다. 잊을래야 잊을 수 없는 동족상잔의 비극 6·25 전쟁 때 가슴에 태극기를 품고 쓰러져간 수백만의 충용한 우리의 국군과 유엔군이 있었습니다. 이와 같이 태극기는 우리민족과 기쁨과 슬픔을 함께해온 떨어질래야 떨어질 수 없는 소중한 나라사랑의 상징 깃발이 되었습니다. 또한 태극기는 우리 국민들의 정신적 지표의 역할을 해온 대한민국의 권위와 자존심의 존엄한 깃발입니다.

요즘 사상과 이념이 다르거나 정치적인 이유로 태극기에 대한 인식이 많이 흐려져 있습니다. 이제는 더 이상 태극기에 대한 존엄성이 훼손되어서는 안 되겠습니다. 자랑스러운 태극기 앞에 온 국민이 하나로 뭉쳐 자유·민주·평화의 시대를 더욱 공고히 발전시켜 평화적 남북통일도 이룩하고 단군의 건국이념인 홍익인간 정신으로 세계를 리드하는 훌륭한 국민으로 다시금 태어나야겠습니다.

그리고 국경일엔 마을마다 집집마다 직장마다 태극기를 꼭 게양합시다.

## 33. 국기법 제정 시행 경축사

　　우리민족 오천년 역사 속에서 국민의 정신적 지표로 삼아 숭앙을 받아온 자랑스러운 오늘의 태극기! 우리나라가 겪어왔던 수많은 전쟁과 고난 속에서도 굴하지 않고 국민들께 힘과 용기를 주었던 자랑스러운 태극기입니다.
　　1910년 강압에 의한 일본과의 한일합방으로 국권이 강탈되어 국민의 자유 없는 36년 동안 암흑속의 압박 속에서도 애국선열들의 독립운동을 통하여 우리국민들을 하나로 뭉치게 한 자랑스러운 태극기입니다.
　　1945년 8월15일 태평양 전쟁에서 일본의 패망으로 일본 제국주의로부터 그토록 그리워하던 해방이 되었을 때 기쁨과 환희로 가득 찬 국민들의 마음을 하나로 만들어 손에 손에 태극기를 흔들며 목이 메이도록 대한독립만세를 부르던 감격의 태극기입니다. 1948년 대한민국 정부수립으로 전국 방방곡곡 직장과 마을마다 집집마다, 힘차게 더욱 힘차게 펄럭였던 감격의 태극기입니다. 그러나 아! 어찌 잊으랴, 1950년 북한의 남침으로 -기쁨도 잠시 환희도 잠시 -몽땅 한순간에 사라지고 말았으니 -1950년 동족상잔의 비극이 시작되었습니다. 1950년 6월 25일 고요한 일요일 새벽을 틈타 북한공산군의 남침으로 3일 만에 서울이 함락되고 2개월 만에 전국토의 5분의4를 빼앗겼을 때에도 우리 국민들에게 희망을 주었던 태극기입니다.
　　1950년 9월 15일 유엔군총사령관 맥아더장군의 인천상륙작전의 성공을 계기로 서울을 다시 탈환하고 1950년 10월 평양에 입성하였을 때 온 평양시민들이 시내로 뛰어나와 그동안 숨겨두었던 태극기들을 손에 손에 들고 '대한민국 만세'를 목이 터지도록 외쳤던 감격적인 순간의 태극기입니다. 그러나 안타깝게도 목전에 둔 남북통일이 중공군의 개입으로 이루지 못한 채 -전쟁의 상처만 남긴 채 다시 삼팔선이 그어졌으니 어찌 통탄하지 않을 수 있겠습니까?(1953.7.27 휴전협정)

전쟁의 상처로 천만 명이 넘는 이산가족과 수백만 명의 인명 피해를 보았고 국토는 초토화되어 먹을 것 입을 것 없어 굶주림에 허덕이던 시절, 새마을운동이라는 이름 앞에 온 국민은 태극기 높이 들고 하나 되어 농촌에서 도시에서 공장에서 '잘 살아보세 잘살아보세' 힘찬 노래 소리에 맞춰 온 국민이 피땀 흘리며 전심을 다해 열심히 일하시던 때 입니다. 할아버지, 할머니, 아버지, 어머님세대, -1980년대 군부의 독재에 맞서 민주화의 부르짖음 속에서도 손에 손에 태극기를 들고 최루가스에 눈물 흘리며 항쟁하던 자랑스러운 태극기입니다.

1988년 서울에서 세계올림픽대회와 2002년 월드컵 축구대회 때 전 국민의 95% 이상이 태극기 앞에 하나 되어 열렬히 대한민국을 외치며 응원하였던 감격의 태극기입니다. 우리 선수들이 우승할 적마다, 경기할 적마다, 전국의 경기장마다, 시청 앞 광장마다, 시내거리마다, 온 국민은 태극기를 들고 대한민국을 외치며 환호하였던 태극기입니다. 이와 같이 우리민족의 역사 속에서 기쁠 때나 슬플 때나 애환을 함께 한 자랑스러운 태극기입니다. 이제 우리는 잊을래야 잊을 수 없고 버릴래야 버릴 수 없는 자랑스런 우리 민족의 정신적 긍지와 자부심과 희망을 주는 국기로 변화하였습니다.

우리국민은 자랑스러운 태극기와 함께 세계 240여 개국의 창공에 더욱 힘차게 펄럭이도록 태극기 앞에 하나 되어 영원무궁토록 세계에서 제일가는 부자의 나라와 자유 민주 번영의 복지국가 건설을 향해 국민 모두가 다함께 매진하여야 할 것입니다.

현재 우리나라는 세계 240여개 나라 중에서 10번째의 경이적인 경제 대국으로 성장하였습니다. 세계 유례없는 기적을 만들어 낸 것입니다. 앞으로 세계를 리드하는 멋진 국민이 됩시다.

- 국기법 제정 시행을 진심으로 경축하며…

## 34. 국회에 보낸 국기법 발의안에 대한 답신

1안 : 이상배 국회의원 대표 발의안
2안 : 홍미영 국회의원 대표 발의안
3안 : 황선기 사)태극기선양운동중앙회 회장

　국기는 한 나라를 상징하고, 역사와 전통 국가의 권위와 존엄을 표상하는 중요한 깃발로서 그동안 문교부고시, 국무총리훈령, 대통령령으로만 정해져 왔던 것을 법률로 격상 제정해 줄 것을 누차 정부에 건의해 왔던 황선기 본인으로선 좀 늦은 감은 있으나 태극기선양운동 34년 만에 국회의원 여러분들께서 애국 충정의 마음으로 대한민국 국기법안을 발의해 심의, 추진해 오고 있는 것을 매우 기쁘게 생각하며 환영하는 바입니다.
　우리나라의 역사와 전통 및 이상이 담겨져 있는 국기에 대한 사항을 법률로 격상하여 새로 제정하므로 국기에 대한 국민의 자긍심과 인식을 제고하는 한편 국기의 존엄성과 애국정신을 고양하는데 크게 이바지 하리라 믿습니다.
이상배 의원 대표 발의 법안과 홍미영 의원 대표발의 법안 모두 환영합니다. 그러나 두 법안중 보다 미래 지향적인 충실한 내용으로 국회에서 확정되어지길 간절히 바라는 바입니다.
국회의원 여러분들께 감사드립니다.

　　　　　　　　　　- 2006년 4월 국회에 보낸 국기법 발의안에 대한
　　　　　　　　　　　태극기선양운동중앙회 황선기 회장 답신

## 35. 부친 황규학 님의 훈장생활과 문화예술 활동

아버님께선 88세에 하느님의 부르심을 받으시다.
생전 시 82세의 노령임에도 불구하고 '전국한시대회'와
'시조경창대회'에 참가하여 수상을 하시다.

1. 강원도 원주 치악문화제 주최
   전국한시대회 수상
2. 경남사천 이충무공 해전승전기념 봉향회
   전국한시백일장 수상
3. 충남 예산문화원 주최
   전국시조경창대회 수상
4. 예산군 응봉면 입침리 자택에서
   오가면, 응봉면, 대흥면, 등 3면 주민들을
   20여 년간 매년 60여 명씩 한문을 가르치시다.
5. 예산 향교에서 중고생에게 예절교육을 가르치시다.

## 36. 황선용 큰형님의 은혜

충남 예산의 시골 산골 마을에서 8남매 4형제 중 맏이로 태어난 큰형님 '황선용'은 어릴 적부터 공부벌레로 유명했다. 형님은 예산 농고를 3년간 특대생으로 졸업하고 서울 학생들도 합격하기가 힘든 대한민국 최고의 명문대학 서울대학을 우수한 성적으로 합격하여 대학원까지 졸업하였다. 당시 어려운 가정형편으로 학생들을 가르치며 서울대 사범대학 42회로 졸업하고 육군 3년간의 복무를 마치고 충북 청주고등학교에 부임하였다.

이곳에서 충북 도교육감의 소개로 초등학교 교편생활을 하던 안경자 형수님을 만나 결혼 후 서울로 상경하여 서울의 명문 경기고등학교와 선린상고, 덕수상고, 무학여고에서 정년퇴임을 하였으며 형수님 역시 서울에서 정년퇴임하였다.

형님의 은혜는 참으로 크시다. 내가 서울 형님 댁에서 학교를 다녔으며, 몸이 아프거나 여러 가지 어려움이 있을 적마다, 부모님을 대신해 정성껏 보살펴주셨다.

33년 전 내가 서울 명동에서 태극기전시회를 개최했을 적에도 시골에 계신 부모님과 누님들을 모시고 함께 오셔서 격려를 해주셨다. 물론 태극기선양 홍보하는 일은 돈이 들어가는데 반해 수입이 없는 일이어서 형님도 누님도 반대를 많이 하셨다. 그러나 막내 동생인 나의 뜻이기에 -마음으로 박수를 보내주셨다. 태극기선양운동을 하는 동안 남모르게 여러모로 어려움이 닥치곤 했다. 역시 기댈 곳은 큰형님 밖에 없었기에 꾸지람을 들으면서도 솔직히 하소연할 수밖에 없었다.

## 37. 예술인의 생명은 영원하다

인간의 생명은 유한하다
그러나 예술인의 생명은 무한하다
그것은 노래를 부른 가수나 작사가 작곡가
시를 창작한 시인이나 소설가 수필가 시조시인
그림을 그리는 화가
사진을 작품으로 찍는 사진작가
이들은 세상을 영원히 밝게 비춰주는
창작 예술인이기 때문이다.

## 38. 기독교인이든, 불교인이든, 천주교인이든

　종교를 믿든 안 믿든 대한민국 국민은 누구나 자랑스러운 태극기 앞에 하나입니다. 세계에서 가장 아름답고 우주의 상징 깃발로 선정되어 1969년 미국의 아폴로우주선이 달에 갔을 적에 유일하게 미국의 성조기와 태극기가 달에 함께 다녀왔습니다.
　『25시』의 루마니아 작가 게오르규(1916~1992)는 대한민국을 방문하여 서울대학교에서 강연을 했을 때 "대한민국의 태극기가 우주를 상징하는 최고의 깃발이다"라고 극찬을 했습니다. 이 얼마나 자랑스러운 일입니까.
　선열들의 애국정신과 독립정신의 혼이 깃든 자랑스러운 태극기입니다. 나라가 어려울 때나 기쁠 때나 애환을 함께한 태극기! 어찌 잊을 수 있단 말입니까. 특히 나라가 어려움에 처해 있을 때 나라를 구하기 위한 그 중심엔 언제나 기독교, 천주교, 불교인들이 함께 했습니다.
　요즘 우리나라 국경일에 태극기가 보이지 않아 마음이 아픕니다. 나라가 어려울 때 종교인들이 단합하여 앞장섰습니다. 기독교, 천주교, 불교 사찰에서도 성당에서도 교회에서도 태극기를 게양하여 국민화합과 나라사랑 태극기사랑을 함께 실천하는 마음을 가집시다.

## 39. 한국 교회의 전래와 예수그리스도인의 애국심과 독립운동

나는
그리스도인이며
자랑스런
감리교인입니다

민족운동가 김구

감리교인 김구 예수교장로회교인 도산 안창호 외

### 한국에 전래된 감리교회

아펜젤러

1885년 일제 치하 어두운 먹구름이 하늘을 가리고 있던 시절, 제물포항에 파란 눈의 미국인 선교사 아펜젤러 부부(감리교)와 언더우드 선교사 부부(장로교)가 한 척의 배를 타고 들어왔다. 하나님께서는 그들을 통해 타오르는 복음의 불길로 나라의 어두움을 걷어내는 횃불이 되게 하셨다.
이후 아펜젤러와 스크랜튼 등을 중심으로 한 감리교회 선교사들은 고종과의 약속 때문에 드러내 놓고 선교활동을 하지 못했으나, 학원사업과 의료사업 등으로 복음전파의 사명을 감당했다.

### ＊한국감리교회를 빛낸 사람들

이준 열사 1907년 6, 7월 네덜란드의 헤이그에서 일제의 한국 침략을 폭로, 규탄하고 을사조약이 무효임을 선언하는 공고사(控告詞)를 작성하여 평화회의 의장과 각국 대표에게 보내고, 신문을 통하여 이를 공표하여 국제여론을 환기시켰다. 언론들은 세 특사의 활동에 호의적이었으나, 열강의 대표들은 냉담하였으므로 이에 격분한 그는 통분을 누르지 못하여 헤이그에서 순국하였다.

유관순 열사 1916년 선교사의 소개로 이화학당 보통과에 입학하였다. 1919년 3·1운동이 일어나자 학생들과 함께 가두시위를 벌였고, 학교가 휴교에 들어가자 만세시위를 지휘하기 위하여 고향으로 내려갔다. 천안·연기·청주·진천 등지의 학교와 교회 등을 방문하여 만세운동을 협의, 4월 1일 아우내 장터에서 3,000여 군중에게 태극기를 나누어 주며 시위를 지휘하다가 출동한 일본 헌병대에 체포되었다.

최용신 선생 심훈의 대표작인《상록수》에서 채영신의 모델이 된 인물. 1928년 서울 감리교 협성여신학교에 입학했다. 여기서 평소에 바라던 농촌계몽운동의 포부를 키웠다. 기독교청년회(YMCA) 농촌사업부는 1931년 최용신을 수원 샘골로 파견했고 그녀의 지도력이 인정되면서 새 학원건립운동을 전개하여 1933년 설립에 성공했다. 한편 한국 농촌발전을 위해 더 공부할 필요를 느껴 1934년 봄 일본 고베 신학교에 입학했고, 생을 농촌계몽을 위해 힘썼던 훌륭한 감리교인이었다.

# 40. 「달」 나라에 다녀온 태극기 중요 사연

 미국 나사에서는 1969년 7월 16일 아폴로 우주선 11호가 세계 처음으로 달에 착륙하여 흑과 돌을 채취해왔다. 미국의 닉슨 대통령은 대한민국 박정희 대통령에게 달나라로 떠날 때 가져간 태극기와 달에서 채취한 돌조각을 장식하여 기념품으로 주었다.
 미국 나사에서는 당시 세계 160여 개국 중 성조기와 우주의 상징인 태극기 두 종류만 달나라에 가지고 갔었다.

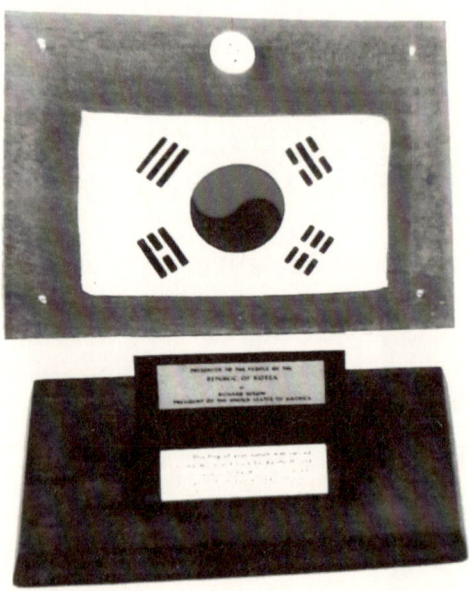

1969년 미국 닉슨 대통령으로부터 선물 받은 달에 다녀온 태극기와 달의 돌조각

## 41. 국기에 대한 벌칙

국기에 대한 벌칙은 1953년 9월 18일 법률 제293호로 공포하였고 1975년 3월 25일 법률 제2845호로 개정 공포한 형법에 다음과 같이 규정하고 있다
국기모독죄 1987년 4월 29일 대통령령 제12148호로 개정공포

제 105조— 국기,국장 : 국기,육해공군기,공사관휘장 등의 모독에 대하여
대한민국을 모독할 목적으로 국기나 국장을 손상하거나 제거 또는 모욕한 자는 5년 이하의 징역이나 금고 10년 이하의 자격 정지 또는 700만원 이하의 벌금에 처한다.

제 106조— 국기, 국장의 비기 —비웃고 헐뜯는 행위
대한민국을 모독할 목적으로 국기,국장을 헐뜯고 비웃는 자는 1년 이하의 징역이나 금고 5년 이하의 자격정지 또는 400만원 이하의 벌금에 처한다.

제 109조—외국의 국기나 국장을 모독할 목적으로 그나라의 공영에 해당하는 국기나 국장을 손상시키거나 제거 또는 모독한 자는 2년 이하의 징역이나 금고 또는 6백만원 이하의 벌금에 처한다.

이와같은 벌칙은 우리나라 국민에게만 한정하지 않고 외국인에게도 적용된다. 그리고 우리나라의 주권이 미치는 영역내에서 뿐만 아니라 주권이 미치지 않는 외국에서 발생한 행위에 대하여서도 똑같이 적용된다.
외국인이 우리나라의 국기나 국장을 훼손이나 욕되게 했을때에 벌을 받는 것과 마찬가지로 우리나라 국민이 다른 나라의 국기나 국장을 훼손하거나 욕되게 했을 때에도 벌을 받게 되는 것은 똑같다.

### 국기 꽂이 설치에대한 건설교통부 규정
주택건설기준 등에 관한 규정
< 일부개정 2005년 12.9. 대통령령 제19173호>
제2장 시설의 배치등
제 18조 난간— 4호
외기에 면하는 난간을 설치하는 주택에는 각 세대마다 1개소 이상의 국기봉을 꽂을 수 있는 장치를 당해 난간에 설치하여야한다.

## 42. 태극기전시회의 인기 관람

### 애국심이 살아숨쉬는 태극기선양전시회 현장

황선기회장은 그동안 수집된 애국선열들의 태극기전시회를 100회 이상 전국관공서 문화원 학교 인천상륙작전기념관 독도 등에서 개최하며 KBS한국방송,MBC문화방송,KTV한국정책방송,교통방송 등 출연하며 국민들게 태극기교육을 통하여 선열들의 애국정신 계승 발전에 이바지해왔으며,국민들게 애국심고취와 올바른 국가관을 심어주기위해 노력해왔다.

태극기전시회 현장엔 일반인,군인,학생들로 열기가뜨거웠다

## 대한민국 역사와 함께한 태극기 전시회

태극기전시회개최 계양구청 2013.5.15.
사) 태극기선양운동중앙회 회장 황선기

## 43. 애국혼이 숨 쉬는 태극기선양전시회

황선기회장은 그동안 수집된 애국선열들의 태극기전시회를 100회 이상 전국관공서 문화원 학교 인천상륙작전기념관 독도 등에서 개최하며 KBS한국방송,MBC문화방송,KTV한국정책방송,교통방송 등 출연하며 국민들게 태극기교육을 통하여 선열들의 애국정신 계승 발전에 이바지해왔으며,국민들게 애국심고취와 올바른 국가관을 심어주기위해 노력해왔다.

태극기전시회 현장엔 일반인,군인,학생들로 열기가뜨거웠다

## 외국인들의 태극기전시장 참관

푸르미가족
봉사단
이사장 박위광

태극기선양
회장황선기

배우김정자

## 우리나라 역대 전시회 중 최대 인원 관람

## 44. 국기에 대한 맹세 개정 홍보와 국경일 국기게양 홍보

# 국기에 대한 맹세

 새로운 국기에 대한 맹세  *35년만에 새롭게*

"나는 자랑스러운 태극기 앞에
자유롭고 정의로운 대한민국의
무궁한 영광을 위하여
충성을 다할 것을 굳게 다짐합니다."

## 45. 평양에 휘날린 태극기

1950년 통일직전 평양에 휘날린 태극기

1950.10.29.이승만대통령 평양입성 군중 환영대회 모습

함흥자치위원회의 모습사진

## 46. 9·28 서울 수복 중앙청 태극기 게양

9월 15일 맥아더 장군의 인천상륙작전 성공으로
13일 만에 서울을 수복, 중앙청에 태극기를 게양

원산입성 환영 플래카드 국군수도사단 및 3사단 (1950년 3월 13일)

## 47. 황선기의 군 생활 3년

1973년 국군군의학교 졸업후 마산통합병원 약제과에서 3년간 환자들의 처방약을 조제 간호장교들에게 제공하였다

황선기회장은 군 입대시 치아 8개가 없고 시력 저하로 논산훈련소에서 입대불가 판정을 받았으나 나라에대한 충성심으로 자원 군생활 3년만기 1976년에 제대를 하였다. ( 위 사진은 약제과 조제 및 투약실 근무 당시의 황선기 모습 )

## 48. 황선기의 태극기 선양 활동

사단법인 태극기선양운동중앙회 황선기회장은 총각 시절부터 지금에 이르기 까지 50년동안 국내외 최초로 많은 일들을 추진해왔습니다.
1. 태극기 바르게달기 운동추진
2. 태극기 100% 게양운동추진
3. 태극기 달아주기 행사추진
4. 태극기 선물주기 운동추진
5. 선열들의 애국혼이 담긴 태극기전시회 100회개최
6. 도서 섬지역 태극기보내기 운동추진
7. 해외 교민들에게 태극기보내기 운동추진
8. 태극기 의상,태극기 모자,머리띠,넥타이등 개발
9. 태극기 도자기 만들어 선물주기
10. 대형 국기게양대 설치운동추진
11. 태극기 꽃카드 개발
12. 태극기 교육운동추진
13. 전국 어린이 학생 일반인 웅변대회개최
14. 전국 어린이 태극기 그리기대회 개최
15. 국기법 제정추진
16. 국기의날 제정추진
17. 국가상징 선양사업 활성화를위한 국회대강당 정책토론회
18. 태극기노래 작사
19. 태극기 시 작품 창작
20. 태극기 음반 발표  21.혈서 태극기그리기와,혈서쓰기 행사
22. 태극기 책 편찬 등을 50여년간 해왔으며 현재는 15년 전부터 태극기 박물관 건립을 추진 해오고있습니다.

## 49. 태극기 교육 부산지방경찰청

## 50. 군부대 태극기 교육

## 51. 학교 및 어린이집 태극기 교육운동 전개

## 52. 태극기 전시회 작품

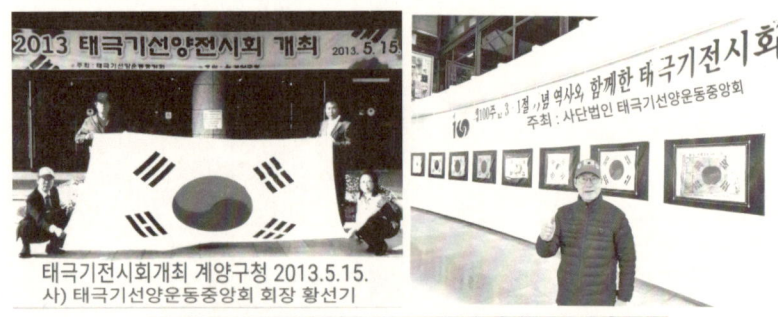

신세계백화점 본점 갤러리(1989년)

## 53. 방송 출연 태극기 교육 및 홍보

## 방송에 출연 국민계몽 TV 및 라디오에 출연한 황선기 회장

### 태극기 선양 국민계몽 방송출연

1. KBS TV
   1) 전국은 지금 (임성훈, 왕영은 시간)
   2) 아침의 광장 (이계진 아나운서)
   3) 행운의 스튜디오 초대손님
      (사회:이창호 아나운서)
   4) 문화강좌 (교육방송)
   5) 보도본부
      (뉴스센타, 백운기기자, 이기종사진기자)

2. MBC TV
   1) 뉴스시간 (보도국)
   2) 한밤의 응접실 (사회:이종환)
   3) 차인태 출발 새 아침

KBS 라디오 방송출연
1. 라디오하이웨이
2. 라디오서울
3. 현해탄을넘어서
4. 마이크기행
5. 함께물어봅시다.
6. 밤에교차로
7. 국제방송 (해외동포)

스타강사 황선기회장 KBS방송 다수출연

나라사랑 태극기선양운동가 황선기회장
KBSTV 생방송 임성훈 왕영은진행 전국은지금 생방송과
이창호아나운서진행 행운의스튜디오
이계진아나운서진행 아침의광장
김성진 기자의 뉴스브리핑외 다수출연

젊은날의 추억 / 황 선 기

MBC방송 차인태 어나운서의 출발새아침
생방송 30분 특별초대손임 황선기
(태극기선양운동중앙회 회장)

## 54. 3·1절 및 8·15 광복절 재현 행사

### 3·1 독립만세 재현행사(인천 계양구 황어장터)

사진상: 태극기선양운동중앙회 회원들, 사진하: 계양구청장을 비롯한 인천계양구의 단체장들과 태극기선양운동중앙회 회원들

## 55. 황선기의 문학 활동

황선기 회장의 문학 활동과 주최 행사
1. 3·1절 100주년 시화전 개최 2019년 3월(계양구청 갤러리)
2. 광복75주년기념 시화전 개최 2020년 8월 (인천대공원호수 앞)
3. 시낭송회 개최 2020년 8월 15일 (간석 5거리 노래교실)

외부 출품한 시화전 행사
1. 국회갤러리 시화전 (문학신문) 2회
2. 종로 갤러리 시화전 2회 (문학신문, 문학사랑)
3. 독일 시화전 행사 출품 전시회 (문학신문)

신문과 문학지 시 출품
1. 문학신문 창립 22주년 신문 외(2018년)
2. 문학사랑신문 창간호 2020년 10월
3. 신문예 문학집 2020년 104호
4. 나라사랑 문학집 2020년 3호
5. 실만한 물가 창간호 2020년 12월
6. 서미예문학 창간호 2021년 1월

문학관계 수상경력
1. 문학신문 발행인 유재기 박사―공로상
2. 문학사랑신문 발행인 정해정 님과 김평 회장―공로상

사) 태극기선양운동중앙회 황선기회장 활동사진

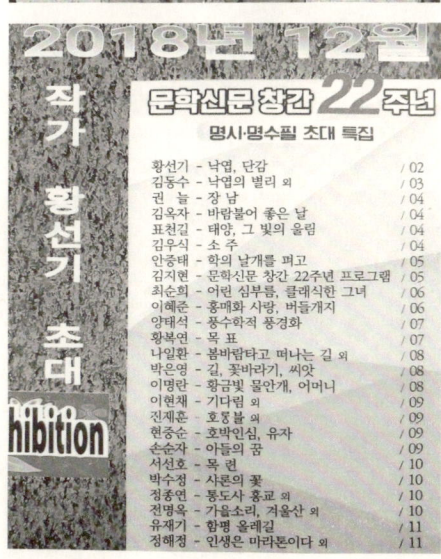

## 황선기의 詩, 문학 활동

사랑하고~존경하는 이보영시인과 —
태극기선양운동중앙회장 황 선 기 —

# 문학발전 기여 공로상

사) 태극기선양운동중앙회 황선기회장 활동사진
## 공로상 / 황선기

문학인 ㅡ시인 소설가 수필가 아동문학가 시조가등의 작품 전시회 주최를 통하여 국민들께 문학사랑 정신계도와 사회 발전에 기여한 공로로 표창을 받음

사) 태극기선양운동중앙회 주최 시낭송회 와 인기가수공연

황선기회장과 문학사랑신문 정해정 대표

## 56. 전국웅변대회 개최(나라사랑 태극기사랑)

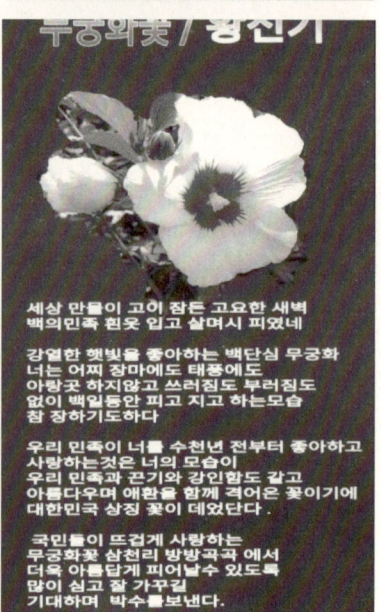

## 57. 요양원·군부대 위문공연

## 부모님께 드리는 감사의 글

 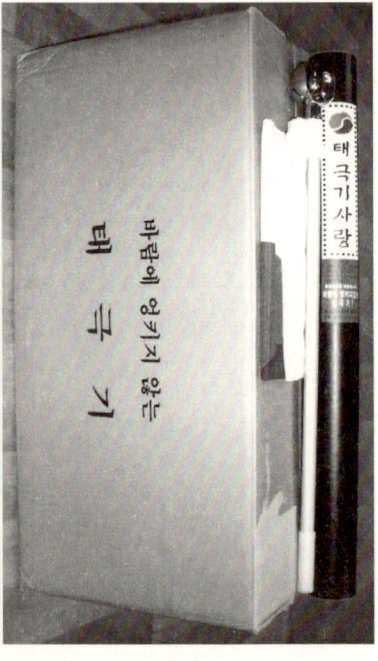

부친 황규학 한학자 모친 박종예

세상이 가장 어지러웠던 6,25 전쟁 중에 8남매 중 7번째로 예산 시골 농촌마을에서 저를 세상에 건강하게 태어나게 해주시고 잘 성장할 수 있도록 지도와 정성과 사랑으로 키워주셨으니 감사합니다. 지금은 하나님 곁에서 살고 계신 부모님, 저에게 힘과 용기와 건강을 주시옵소서. 이곳에 8남매 자식사진 올리옵니다.

## 58. 대통령 및 장관 표창장 수상

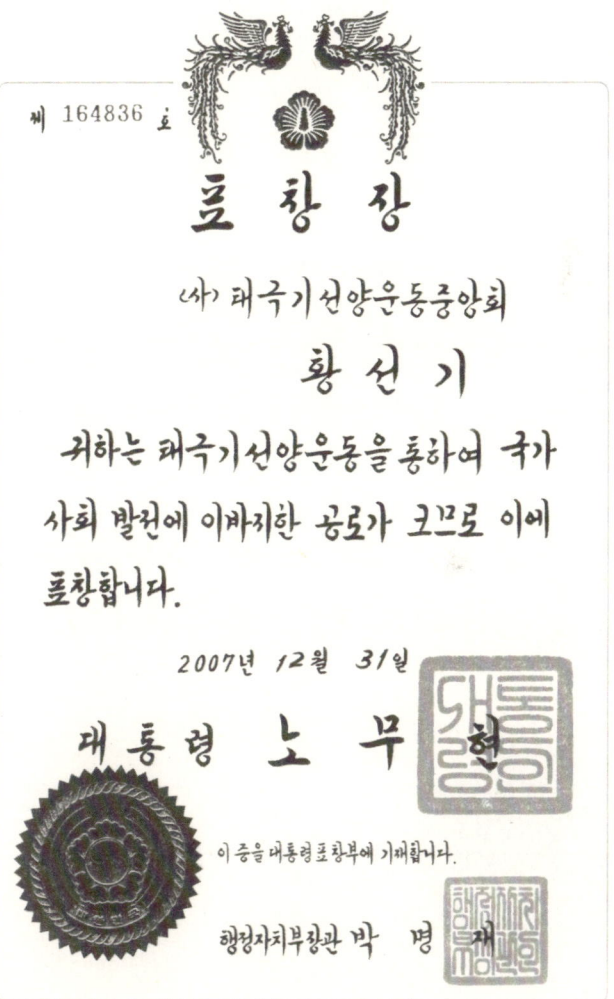

제2642호

# 표 창 장

태극기선양운동중앙회

회장 황 선 기

귀하는 평소 나라사랑하는 마음으로
태극기 달기 운동에 앞장서 국기선양에
이바지한 공이 크므로 이에 포창함

1993년 11월 12일

총무처장관 최 창 윤

제 4 호

# 감 사 장

사단법인 태극기선양중앙회
황선기 님

귀하께서 평소 군의 발전을 위해 성원해 주신 열정과 노력에 경의를 표하며, 특히 태극기 기증과 특별강연을 통해 장병들의 애국심 함양에 크게 기여하였으므로 이에 감사장을 드립니다

2011년 10월 04일

제12보병사단장
소장 강 병 주

## 59. 임시정부 규정 태극기

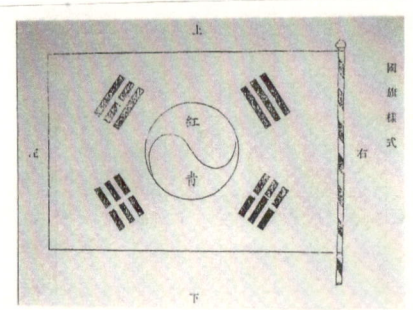

1942년 대한민국 임시정부
국무위원회 에서
규정을 통일한 태극기
(대한민국임시정부공보75호)

당시 태극기에 대한 상징 설명
태극 : 양 —남성 음 —여성
4 괘 : 건 (하늘) 곤(땅)
　　　　감 (달) 리(달)로
　　　　설명하였음
그러나 이러한 규정은 일반인들
한테는 널리 알려지지 않았음

## 60. 경주시 월성군 소재 감은사지 태극문양

이 태극 문양은 신라 31대 신문왕 2년 682년에 완성된
감은사 사찰터의 감은사지 장대석에 새겨진 것으로서
신라시대엔 금관에도 옥으로 태극문양을 만들어 장식품으로 사용했으며
백제시대 때엔 기와등 여러 민속품에 애용되었다.
중국에서는 1070년에 태극기설을 처음 발표하였으나
우리나라에서는 수천년전 부터 민속품, 생활용품등에
신비롭고 상서로운 행운의 상징으로 애용해와 우리민족 고유의 상징임을
증명하고 남는다.

# 61. 개성에 있는 고려 공민왕릉 태극문양

개성에 소재한 고려 공민왕능

위의 태극도형은 왕비 노국공주
정능에 새겨진 태극도형
〈1365년〉

# 62. 114년 전 선조님들의 국기게양

1907년 지금부터 103년전 순종황제 즉위식날 (현재의 대통령 취임식날) 서울의 종로, 동대문의 거리에 태극기가 게양된 모습입니다.

<우리 모두 반성합시다>
오늘의 현실은 어떠합니까
태극기는 대한민국의 상징이요, 얼이요, 얼굴이요
대한민국의 나라와 국민을 상징하며 대표하는 것입니다.
그러하니 얼마나 존엄하며 소중한 깃발입니까
우리모두 경축일에 국기를 게양하여 태극기 앞에 하나가 됩시다.

# 63. 국경일 경축기의 게양은 이렇게

성심 성의껏 해야한다

## 64. 태극기 홍보 이미지 사진

## 65. 송영길 인천광역시장님과 이성만 의회의장님과 함께

(현재는 송영길, 이성만 두 분 다 국회의원)

태극기선양 전시장에서 송영길 시장님과 함께

## 66. 유정복 인천광역시장님과 의회의장, 교육감과 함께
### (인천종합문화예술회관)

인천아세안게임 성공기원 태극기전시회 개최

## 67. 태극기선양운동중앙회 각종 개발품
(의상, 모자, 도자기, 연하장 등 30여종)

## 68. 국경일 태극기 게양 홍보

## 69. 태극기 선물주기 운동 추진

태극기 달아주기 행사
사) 태극기선양운동중앙회

## 70. 백두산에 심은 태극기

# 71. 대형 국기게양대 설치 운동의 선구자-황선기 회장

대형 국기게양대 설치 운동의 선구자

대형 게양대를 설치한 서울특별시(여의도공원) 청주시(상당공원 외) 부산, 금정구청 용인시·구리시·고양시·인천남동구청·롯데마트 등

태극기 선양 및 국위 선양 운동에 적극 동참해 주신 시·군·구 관계자 여러분께 진심으로 감사를 드리며 더욱 확산되어 전국의 시·군·구에 한개 이상씩 설치를 권장합니다.

1994년 미국LA에서 개최된 세계 황씨종친회에 한국측 대표일원으로 참석, 미국의 여러 도시와 관광지를 방문하면서 높게, 품의있게 설치한 게양대에서 아름답게 펄럭이는 성조기의 모습을 보고 선진국 미국사람들의 놀라운 애국심을 읽을수 있었습니다. 그래서 저는 귀국후 바로 전국시.군.구를 상대로 전국 대도시 공원 및 주요 시민운집 지역, 산 정상 등에 대형 국기게양대 설치운동을 1994년부터 전개했습니다.

## 72. 가장 오래된 태극기 발견

## 73. 88서울올림픽과 2002월드컵 경기 시
###   온 국민 하나 되다

자랑스러운 우리 국민의 힘과 저력
세계만방에 유감없이 발휘했다

## 74. 황선기 회장의 사진 작품 활동

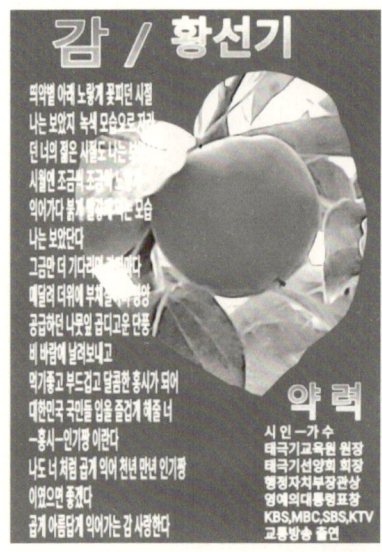

아름답게 익어가는 너의
모습만 보아도 행복하구나
### 시인 가수 황선기

갈매기는 나의친구
태극기사랑 황 선 기

78억 세계 모든 사람을 괴롭이는
코로나바이러스
마스크로극복하고신약개발로물리치자

## 75. 대한민국 태극기 선양운동의 주역

## 76-1. 황선기 회장 태극기 홍보 이미지 사진

제 72주년 광복절 행사―부평구청 대강당

8.15 광복 경축 기념식 및 공연 행사
걸구룹 대표님께 표창패 전달하는
사) 태극기선양운동중앙회 황선기회장

## 76-2. 대한민국 국가 상징 (애국가 · 나라문장 · 국새)

# 77. 예술인들의 태극기 사랑

## 78. 삼일절 99주년 행사에 참여한 회원들

# 79. 삼일절 100주년 기념식 행사 개최

## 80. 태극기 달아주기 행사
### (예술단 가수·배우 등 연예인과 함께)

## 81. 대한민국의 상징

대한민국의 상징—황선기

## 82. 태극기 전시회 행사 태극기선양 모델

태극기선양 홍보모델(상좌 임경주 가수, 상우 홍서영 국악인, 하좌 선예지 가수, 하우 이상윤 목사)

## 83. 가수 활동으로 태극기 선양하다

# 태극기 선양운동 50년

## 84. 도전 한국인상 국방부장관상 수상

도전 한국인 운동본부로부터 모범기관 표창, 칠전팔기 홍수환 전 세계복싱 챔피언과, 도전 한국인 운동본부 조영관 본부장으로부터 수상

(서울 시청 대강당에서)

## 85. 광복 71주년 기념식 행사에서

## 86. 선린총동문산악회 외 태극기 나눠주기 행사

금강산 관광
선린상고 62회 동기생

# 87. 대한민국 국기법

## 대한민국국기법

[제정 2007. 1.26 법률 제8272호]

제1조(목적) 이 법은 대한민국을 상징하는 국기의 제작·계양 및 관리 등에 관한 기본적인 사항을 규정함으로써 국기에 대한 인식의 제고 및 존엄성의 수호를 통하여 애국정신을 고양함을 목적으로 한다.

제2조(정의) 이 법에서 "공공기관"이라 함은 다음 각 호의 어느 하나에 해당하는 기관·법인 또는 단체를 말한다.
 1. 「정부투자기관 관리기본법」 제2조의 규정에 따른 정부투자기관
 2. 「정부산하기관 관리기본법」 제2조의 규정에 따른 정부산하기관
 3. 그 밖에 대통령령이 정하는 기관·법인 또는 단체

제3조(다른 법률과의 관계) 국기에 관한 사항은 다른 법률에 특별한 규정이 있는 경우를 제외하고는 이 법이 정하는 바에 따른다.

제4조(대한민국의 국기) 대한민국의 국기(이하 "국기"라 한다)는 태극기(太極旗)로 한다.

제5조(국기의 존엄성 등) ①모든 국민은 국기를 존중하고 애호하여야 한다.
 ②국가 및 지방자치단체는 국기의 제작·계양 및 관리 등에 있어서 국기의 존엄성이 유지될 수 있도록 필요한 조치를 강구하여야 한다.

제6조(국기에 대한 경례) 국기에 대한 경례를 하는 때에는 선 채로 국기를 향하여 오른손을 펴서 왼편가슴에 대고 국기를 주목하거나 거수경례를 한다. 그 밖에 국기에 대한 경례방법 및 절차 등에 관하여 필요한 사항은 대통령령으로 정한다.

제7조(국기의 깃면, 깃봉, 깃대 등) ①국기는 가운데의 태극(太極)과 네 모서리의 건곤감리(乾☰, 坤☷, 坎☵, 離☲) 4괘(卦)로 구성한다.
 ②국기의 깃면은 그 바탕을 흰색으로 하고, 태극의 윗부분과 아랫부분은 각각 빨간색과 파란색으로 하며, 괘는 검은색으로 한다.
 ③국기의 깃면의 길이와 너비는 3대 2의 비례로 한다. 다만, 경축행사 등 대통령령이 정하는 경

우에는 그러하지 아니하다.
④국기의 깃봉은 아랫부분에 꽃받침 다섯 편이 있는 둥근 무궁화봉오리 모양으로 하며, 그 색은 황금색으로 한다.
⑤국기의 깃대는 견고한 재질로 만들고, 그 색은 흰색·은백색·연두색 또는 이와 유사한 색으로 한다.
⑥국기 깃면의 그리는 방법과 규격, 국기의 표준색도, 깃봉의 제작 및 깃대의 설치방법 등 그 밖의 필요한 사항은 대통령령으로 정한다.

제8조(국기의 게양일 등) ①국기를 게양하여야 하는 날은 다음 각호와 같다.
1. 「국경일에 관한 법률」 제2조의 규정에 따른 국경일
2. 「각종 기념일 등에 관한 규정」 제2조의 규정에 따른 기념일 중 현충일 및 국군의 날
3. 「국장·국민장에 관한 법률」 제6조의 규정에 따른 국장기간 및 국민장일
4. 정부가 따로 지정한 날
5. 지방자치단체가 조례 또는 지방의회의 의결로 정하는 날

②제1항의 규정에 불구하고 국기는 매일·24시간 게양할 수 있다.
③국가, 지방자치단체 및 공공기관의 청사 등에는 국기를 연중 게양하여야 하며, 다음 각 호의 장소에는 가능한 한 연중 국기를 게양하여야 한다. 이 경우 야간에는 적절한 조명을 하여야 한다.
1. 공항·호텔 등 국제적인 교류장소
2. 대형건물·공원·경기장 등 많은 사람이 출입하는 장소
3. 주요 정부청사의 울타리
4. 많은 깃대가 함께 설치된 장소
5. 그 밖에 대통령령이 정하는 장소

④각급 학교 및 군부대의 주된 게양대에는 국기를 매일 낮에만 게양한다.
⑤국기가 심한 눈·비와 바람 등으로 그 훼손이 우려되는 경우에는 이를 게양하지 아니한다.
⑥국기의 게양 및 강하 시각, 시각의 변경 등에 관하여 필요한 사항은 대통령령으로 정한다.

제9조(국기의 게양방법 등) ①국기는 다음 각 호의 방법으로 게양하여야 한다.
1. 경축일 또는 평일 : 깃봉과 깃면의 사이를 떼지 아니하고 게양함
2. 현충일·국장기간·국민장일 등 조의를 표하는 날 : 깃봉과 깃면의 사이를 깃면의 너비 만큼 떼어 조기(弔旗)를 게양함

②국기의 게양 및 강하 방법, 국기와 다른 기의 게양 및 강하 방법, 국기의 게양위치, 게양식·

강하식 등 그 밖에 필요한 사항은 대통령령으로 정한다.

**제10조(국기의 관리 등)** ①국기를 게양하는 기관 또는 단체의 장 등은 국기의 존엄성이 훼손되지 아니하도록 국기·깃봉 및 깃대 등을 관리하여야 한다.
②여러 사람이 모이는 집회 등 각종 행사에서 수기(手旗)를 사용하는 경우 행사를 주최하는 자는 국기가 함부로 버려지지 아니하도록 관리하여야 한다.
③국기가 훼손된 때에는 이를 지체 없이 소각 등 적절한 방법으로 폐기하여야 한다.
④국기를 영구(靈柩)에 덮을 때에는 국기가 땅에 닿지 않도록 하고 영구와 함께 매장하여서는 아니 된다. 이 경우 국기를 영구에 덮는 방법 등에 관하여 필요한 사항은 대통령령으로 정한다.

**제11조(국기 또는 국기문양의 활용 및 제한)** ①국기 또는 국기문양(태극과 4괘)은 각종 물품과 의식(儀式) 등에 활용할 수 있다. 다만, 다음 각 호에 해당하는 경우에는 그러하지 아니하다.
  1. 깃면에 구멍을 내거나 절단하는 등 훼손하여 사용하는 경우
  2. 국민에게 혐오감을 주는 방법으로 활용하는 경우
②제1항의 국기문양 중 태극과 괘는 이를 함께 또는 따로 분리하여 각종 물품과 의식 등에 활용할 수 있다.

**제12조(국기선양을 위한 사업의 지원)** 국가는 국기선양을 위하여 대통령령이 정하는 사업을 추진하는 법인·단체 등에 대하여 예산의 범위 안에서 필요한 지원을 할 수 있다.

### 부칙〈제8272호, 2007.1.26〉

이 법은 공포 후 6개월이 경과한 날부터 시행한다.

# 대한민국국기법 시행령

[일부개정 2008. 7.17 대통령령 제20915호]

**제1조(목적)** 이 영은 「대한민국국기법」에서 위임된 사항과 그 시행에 관하여 필요한 사항을 규정함을 목적으로 한다.

**제2조(국가 및 지방자치단체의 국기선양활동)** ①행정안전부장관 및 지방자치단체의 장은 국기에 대한 올바른 이해와 국기의 존엄성을 유지하기 위하여 필요한 교육 및 홍보 활동 등 국기선양 사업을 추진·지원한다.
②교육과학기술부장관은 각급 학교에서의 국기에 대한 교육활동 등 국기선양사업을 추진한다.

**제3조(국기에 대한 경례방법)** 「대한민국국기법」(이하 "법"이라 한다) 제6조의 국기에 대한 경례는 다음 각 호의 구분에 따른 방법으로 한다.
1. 제복을 입지 아니한 국민은 국기를 향하여 오른손을 펴서 왼쪽 가슴에 대고 국기를 주목(注目)한다.
2. 제복을 입지 아니한 국민 중 모자를 쓴 국민은 국기를 향하여 오른손으로 모자를 벗어 왼쪽 가슴에 대고 국기를 주목한다. 다만, 모자를 벗기 곤란한 경우에는 제1호의 방법에 따를 수 있다.
3. 제복을 입은 국민은 국기를 향하여 거수경례(擧手敬禮)를 한다.

**제4조(국기에 대한 맹세)** ①국기에 대한 경례를 하는 때에는 다음의 맹세문을 낭송하되, 애국가 연주하는 경우에는 낭송하지 아니한다.
"나는 자랑스러운 태극기 앞에 자유롭고 정의로운 대한민국의 무궁한 영광을 위하여 충성을 다할 것을 굳게 다짐합니다."
②제1항의 맹세문 낭송은 녹음물·영상물 등 시청각 자료를 활용하여 실시할 수 있다.

**제5조(깃면의 길이와 너비에 대한 예외)** 법 제7조제3항 단서에 따라 경축행사 또는 가로변에 국기를 게양하는 경우에는 깃면의 길이와 너비의 비례를 달리 할 수 있다.

**제6조(국기의 깃면을 그리는 방법)** ①국기는 흰색 바탕의 깃면에 가운데 태극과 네 모서리의 괘로 구성한다.

②태극은 다음 각 호의 순서에 따라 아래의 그림과 같이 그린다.
  1. 깃면의 두 대각선이 서로 교차하는 점을 중심으로 깃면 너비의 2분의 1을 지름으로 하는 원을 그린다.
  2. 두 대각선 중 왼쪽 윗 모서리에서 오른쪽 아랫 모서리로 그어진 대각선상의 원의 지름을 2등분하여, 왼쪽 부분에 원의 지름의 2분의 1(깃면 너비의 4분의 1)을 지름으로 하는 반원을 대각선의 아랫 부분에 그리고, 그 오른쪽 부분에 원의 지름의 2분의 1(깃면 너비의 4분의 1)을 지름으로 하는 반원을 대각선의 윗부분에 그린다.
  3. 반원으로 연결된 원의 윗부분은 빨간색으로, 그 아랫부분은 파란색으로 한다.

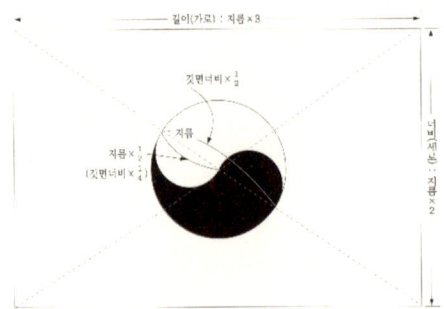

③4괘는 다음 각 호의 방법에 따라 아래의 그림과 같이 그린다.
  1. 4괘는 깃면의 왼쪽 윗부분에 건(乾:☰)을, 오른쪽 아랫부분에 곤(坤:☷)을, 오른쪽 윗부분에 감(坎:☵)을, 왼쪽 아랫부분에 이(離:☲)를 각각 배열한다.
  2. 괘의 길이는 태극지름의 2분의 1(깃면 너비의 4분의 1)로 하고, 괘의 너비는 태극지름의 3분의 1(깃면 너비의 6분의 1)로 하며, 괘와 태극사이는 태극지름의 4분의 1(깃면 너비의 8분의 1)로 한다.
  3. 괘의 길이 중심을 깃면의 두 대각선상에 두되, 그 길이는 두 대각선과 각각 직각을 이루도록 한다.
  4. 괘의 구성부분은 효(爻)로 하되, 그 효의 너비는 괘 너비의 4분의 1(깃면 너비의 24분의 1)로 하고, 효와 효 사이 및 끊어진 효의 사이는 효 너비의 2분의 1(깃면 너비의 48분의 1)로 한다.
  5. 괘는 검은색으로 한다.

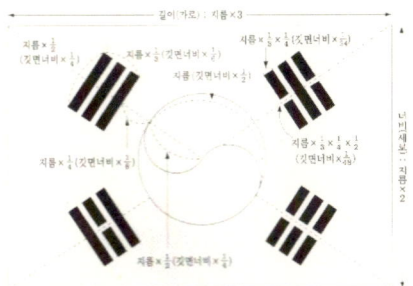

제7조(국기의 호수별 표준규격) 법 제7조의 국기 깃면의 크기는 특호 및 1호부터 10호까지로 구분하며, 호수별 표준규격은 별표 1과 같다. 다만, 필요한 경우에는 같은 조에 따른 길이와 너비의 비례를 유지하면서 그 크기를 달리할 수 있다.

제8조(국기의 표준색도) 법 제7조의 국기의 표준색도는 별표 2와 같다.

제9조(금실의 부착) ①다음 각 호의 어느 하나에 해당하는 경우에는 국기의 깃면 둘레에 금실을 달 수 있다.
   1. 국가를 대표하는 사람의 승용차에 다는 경우
   2. 의전용으로 쓰이는 경우
   3. 실내에서 게양하는 경우
   4. 각종 국제회의 시 탁상용으로 쓰이는 경우
②금실의 길이는 깃면 너비의 7분의 1에서 8분의 1 사이의 길이로 하여 깃면의 둘레에 달되, 깃대와 접하는 부분에는 금실을 달지 아니한다.

제10조(깃봉의 제작) 법 제7조의 깃봉의 지름은 국기 깃면 너비의 10분의 1로 하며, 깃봉의 제작방법은 별표 3과 같다.

제11조(깃대의 설치방법) ①지상이나 건물 등에 고정하여 설치하는 깃대(이하 "국기게양대"라 한다)는 지면 또는 건물 등에 수직으로 설치한다.
   다만, 건물 등의 벽면에 국기게양대를 설치하는 경우에는 하늘을 향하여 기울어진 형태로 설치한다.

②국기게양대는 주위가 트인 지면 또는 건물 옥상 등에 국기의 게양식·강하식을 할 수 있을 정도로 높게 설치한다. 다만, 건물의 구조 또는 주변 환경으로 인하여 부득이한 경우에는 건물 앞면의 벽면 또는 차양시설 위 등 건물 형태에 적합한 장소에 설치할 수 있다.
③국기게양대를 다른 기의 게양대와 같이 설치하는 때에는 국기게양대를 다른 기의 게양대보다 높게 설치한다. 다만 다음 각 호의 어느 하나에 해당하는 경우에는 그러하지 아니하다. 〈개정 2008. 7. 17〉
  1. 국기게양대를 포함하여 게양대를 2개 설치하는 경우
  2. 국기게양대와 유엔기·외국기를 상시 게양하기 위한 게양대를 같이 설치하는 경우
④제3항 본문에 따라 게양대를 설치하는 경우 그 총수가 홀수인 경우에는 국기게양대를 중앙에 설치하고, 짝수인 경우에는 앞에서 바라보아 중앙에서 왼쪽 첫 번째에 설치한다. 〈신설 2008. 7. 17〉
⑤제3항에 따라 국기게양대를 설치하는 때에는 국기게양대의 높이는 다른 게양대보다 깃면의 너비(세로)만큼 높게 하고, 그 간격은 깃면의 길이(가로)보다 넓게 한다.
〈신설 2008. 7. 17〉

**제12조(국기의 게양 및 강하 시각)** ①국기를 매일 게양·강하하는 경우에는 다음 각 호의 구분에 따른 시각에 국기를 게양·강하한다.
  1. 게양 시각: 오전 7시
  2. 강하 시각: 3월부터 10월까지는 오후 6시, 11월부터 다음 해 2월까지는 오후 5시
②다음 각 호의 어느 하나에 해당하는 경우에는 제1항의 국기 게양 및 강하 시각을 달리 할 수 있다.
  1. 야간행사 등에 국기를 게양할 필요가 있는 경우
  2. 「국장·국민장에 관한 법률」에 따른 국장 및 국민장 등 조기(弔旗)를 게양하여야 하는 경우
  3. 그 밖에 특별한 사유로 인하여 중앙행정기관의 장이 행정안전부장관과 협의하여 정한 경우

**제13조(국기의 게양 및 강하 방법)** ①국기는 깃대 또는 국기게양대에 게양한다. 다만, 다음 각 호의 어느 하나에 해당하는 경우에는 국기를 벽면 등에 게시할 수 있다.
  1. 실내 여건, 교육 목적 등으로 실내 벽면에 국기를 게시하는 경우
  2. 경축 등의 목적으로 건물의 벽면 등에 대형국기를 게시하는 경우
②국기는 그 깃면의 건괘가 왼쪽 위로 오도록 하여 건괘와 이괘가 있는 쪽의 깃면 너비부분이 깃대에 접하도록 게양한다.

③조기의 게양 및 강하 순서는 다음 각 호의 방법에 따른다.
1. 게양 시에는 깃면의 왼쪽 윗 모서리가 깃봉에 닿을 때까지 깃면을 올렸다가 깃면 너비만큼 내려 게양한다.
2. 강하 시에는 깃면의 왼쪽 윗 모서리가 깃봉에 닿을 때까지 올렸다가 다시 내린다.

제14조(국기의 깃면을 늘여서 게양하는 방법) ①제5조에 따라 국기의 깃면을 늘여서 게양할 때에는 별표 4에 따라 이괘가 왼쪽 위로 오도록 한다. 다만, 가로변에 게양하는 국기로서 대칭하여 2개의 국기를 늘여서 게양하는 경우에는 왼쪽 국기의 건괘가 왼쪽 위에 오도록 한다.

제15조(국기와 다른 기의 게양 및 강하 방법) ①국기와 다른 기를 같이 게양할 때에는 별표 5에 따라 국기를 가장 높은 깃대에 게양한다. 다만, 2개 이상의 게양대 높이가 동일할 때에는, 별표 5의2에 따라 게양하는 기의 수가 홀수인 경우에는 국기를 중앙에, 그 수가 짝수인 경우에는 앞에서 바라보아 왼쪽 첫 번째에 게양한다. 〈개정 2008. 7. 17〉
②국기와 다른 기를 같이 게양할 경우에 다른 기는 국기게양과 동시에 또는 그 이후에 게양하며, 강하할 경우에는 다른 기는 국기강하와 동시에 또는 그 이전에 강하한다.

제16조(국기와 외국기의 게양방법) ①외국기는 우리나라를 승인한 나라만 게양한다. 다만, 국제회의·체육대회 등에 있어서는 우리나라를 승인하지 아니한 국가의 국기도 게양할 수 있다.
②국기와 외국기를 게양할 때에는 별표 6과 같이 하며, 국기와 외국기는 그 크기와 높이를 같게 게양한다. 이 경우 외국기의 게양 순서는 외국 국가 명칭의 영문 알파벳 순서에 따른다.
③국기와 외국기를 교차시켜 게양하는 경우에는 별표 7과 같이 앞에서 바라보아 국기의 깃면이 왼쪽에 오도록 하고, 그 깃대는 외국기의 깃대 앞쪽에 오도록 한다.

제17조(국기와 유엔기의 게양방법) ①국기와 유엔기를 게양할 경우에는 앞에서 바라보아 왼쪽에 유엔기를, 오른쪽에 국기를 게양한다.
②국기·유엔기 및 외국기를 함께 게양할 경우에는 유엔기·국기 및 제16조제2항의 외국기의 순서로 게양한다.

제18조(국기의 게양위치) ①국기는 다음 각 호의 위치에 게양한다. 다만, 건물 또는 차량의 구조 등으로 인하여 부득이한 경우에는 국기의 게양위치를 달리 할 수 있다.
1. 단독주택의 대문과 공동주택 각 세대의 난간에는 중앙이나 앞에서 바라보아 왼쪽에 국기를 게양한다.

2. 제1호의 주택을 제외한 건물에는 앞에서 바라보아 지면의 중앙이나 왼쪽, 옥상의 중앙, 현관의 차양시설 위 중앙 또는 주된 출입구의 위벽면 중앙에 국기를 게양한다.
3. 건물 안의 회의장·강당 등에서는 그 내부의 전면을 앞에서 바라보아 그 전면의 왼쪽 또는 중앙에 국기가 위치하도록 한다.
4. 차량에는 그 전면을 앞에서 바라보아 왼쪽에 국기를 게양한다.

**제19조(게양식 및 강하식)** ①법 제8조제4항의 낮에만 국기를 게양하는 학교 및 군부대는 그 주된 국기게양대의 국기를 게양·강하하는 때에는 게양식 및 강하식을 행한다. 다만, 같은 조 제5항의 사유로 국기를 게양·강하하는 경우에는 그러하지 아니하다.
②법 제9조의 게양식 및 강하식은 애국가의 연주에 맞추어 행한다. 다만, 주변여건상 부득이한 경우에는 애국가의 연주를 생략할 수 있다.

**제20조(게양식 및 강하식에서의 국기에 대한 경의표시)** 법 제9조의 국기 게양식 또는 강하식을 하는 때에는 다음 각 호의 구분에 따라 국기에 대하여 경의를 표시한다. 다만, 경기 중이거나 그 밖에 경의를 표시하지 못할 부득이한 사유가 있는 경우에는 경의표시를 생략할 수 있다.
1. 국기를 볼 수 있는 국민은 국기를 향하여 경례를 하며, 국기를 볼 수 없고 연주만을 들을 수 있는 국민은 그 방향을 향하여 선채로 차렷 자세를 취한다.
2. 건물의 울타리안에 있는 차량에 탑승하고 있는 사람은 그 차량을 멈추고 앉은 채로 차렷 자세를 취한다.

**제21조(영구에 국기 깃면을 덮는 방법)** 법 제10조에 따라 국기를 영구(靈柩)에 덮을 때에는 영구의 덮개를 위에서 바로 내려다보아 덮개의 윗부분 오른쪽에 건(乾:☰)괘가, 왼쪽에 이(離:☲)괘가 오도록 한다.

**제22조(국기의 관리)** 국기에 때가 묻거나 구겨진 경우에는 국기를 훼손하지 아니하는 범위에서 국기를 세탁하거나 다림질하여 게양·보관할 수 있다.

**제23조(재외공관의 국기 게양 및 강하 시각 등)** 재외공관의 국기 게양 및 강하 시각 등은 주재국의 관례에 따른다.

**제24조(국기선양사업의 범위)** 법 제12조에 따라 국가는 국기에 대한 교육 또는 홍보 사업을 추진하는 법인·단체 등에 필요한 지원을 할 수 있다.

부칙〈제20204호, 2007.7.27〉

제1조(시행일) 이 영은 공포한 날부터 시행한다.

제2조(「대한민국 국기에 관한 규정」의 폐지) 「대한민국 국기에 관한 규정」은 폐지한다.

부칙(행정안전부와 그 소속기관 직제) 〈제20741호, 2008.2.29〉

제1조(시행일) 이 영은 공포한 날부터 시행한다. 〈단서 생략〉

제2조부터 제5조까지 생략

제6조(다른 법령의 개정) ① 부터 〈38〉까지 생략
　〈39〉 대한민국국기법 시행령 일부를 다음과 같이 개정한다.
　　제2조제1항 및 제12조제2항제3호 중 "행정자치부장관"을 각각 "행정안전부장관"으로 한다.
　　제2조제2항 중 "교육인적자원부장관"을 "교육과학기술부장관"으로 한다.
　〈40〉부터 〈105〉까지 생략

부칙〈제20915호, 2008.7.17〉

제1조(시행일) 이 영은 공포한 날로부터 시행한다.

제2조(국기게양대 설치에 관한 적용례) 제11조제3항의 개정규정은 이 영 시행 후 국기게양대를 새로 설치하거나 다시 설치하는 경우부터 적용한다.

### 별표 1

| 국기의 호수별 표준규격(제7조 관련) |

| 호수 | 깃면의 표준규격(길이×너비) | 비고 |
|---|---|---|
| 특호 | 540cm이상×360cm이상 | |
| 1호 | 450cm×300cm | |
| 2호 | 306cm×204cm | |
| 3호 | 270cm×180cm | 용도별 권장규격 |
| 4호 | 225cm×150cm | • 건물게양대용 : 특호, 1호부터 7호까지 |
| 5호 | 180cm×120cm | • 가정용 : 7호 또는 8호 |
| 6호 | 153cm×102cm | • 차량용 : 9호 또는 10호 |
| 7호 | 135cm×90cm | |
| 8호 | 90cm×60cm | |
| 9호 | 45cm×30cm | |
| 10호 | 27cm×18cm | |

### 별표 2

| 국기의 표준색도(제8조 관련) |

| 색표시방법 | 색이름 | 빨간색 | 파란색 | 검은색 | 흰 색 |
|---|---|---|---|---|---|
| CIE 색좌표 | | x = 0.5640<br>y = 0.3194<br>Y = 15.3 | x = 0.1556<br>y = 0.1354<br>Y = 6.5 | – | – |
| Munsell 색표기 | | 6.0R 4.5/14 | 5.0PB 3.0/12 | N 0.5 | N 9.5 |

비고  1. 인쇄물 등에 국기의 깃면을 별표 2의 색으로 표시할 수 없는 경우에는 깃면 바탕과 태극의 윗 부분은 인쇄물 등의 바탕색으로, 태극의 아랫 부분과 4괘는 검은색으로 표시한다.
2. 외국인의 열람을 위한 인쇄물 등에 국기를 표시하는 때에는 특별한 사유가 없는 한 별표 2의 색으로 표시한다.

별표 3

| 깃봉의 제작방법(제10조 관련) |

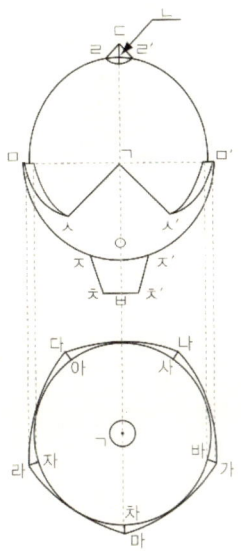

1. ㄱ-바를 짧은 축의 반지름으로 하고, ㄱ-ㄴ을 긴 축의 반지름으로 하는 반타원형이 꽃봉우리임(ㄱ-바는 깃면너비의 1/20, ㄱ-바 : ㄱ-ㄴ = 7 : 8 임)
2. ㄴ-ㄷ·ㄴ-ㄹ은 각 ㄱ-ㄴ의 1/8
3. 꽃받침의 두께(바-가의 길이)는 ㄱ-바의 1/10
4. 가, 나, 다, 라, 마는 정오각형의 위치에 있음(각 점간 각도는 72°)
5. ㄱ을 중심으로 ㄱ-가를 반지름으로 하는 반(半)구형을 그려 꽃받침을 이룸
6. ㅅ은 ㄱ-ㅇ, ㄱ-ㅁ의 각각의 중간점에서 수평, 수직된 선의 교차점임
7. ㅇ-ㅈ은 ㄱ-바의 1/3
8. ㅈ-ㅈ' : ㅊ-ㅊ' = 5 : 3임

**별표 4**

| 국기의 깃면을 늘여서 게양하는 방법(제14조 관련) |

늘인 부분
(필요한 만큼)

**별표 5**　〈신설 2008. 7. 17〉

| 국기와 다른 기의 게양방법(국기게양대를 높게 설치한 때)(제15조제1항 본문 관련) |

게양대가 3개인 경우

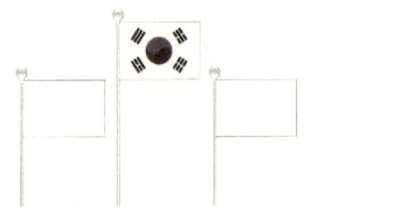

게양대가 4개인 경우

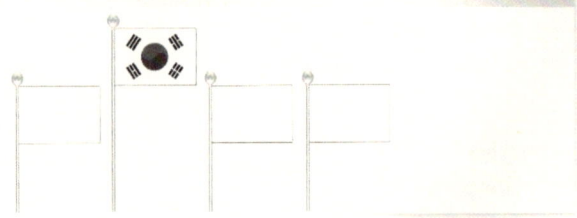

별표 5의 2

| 국기와 다른 기의 게양방법(게양대의 높이가 동일한 경우)(제15조제1항 단서 관련) |

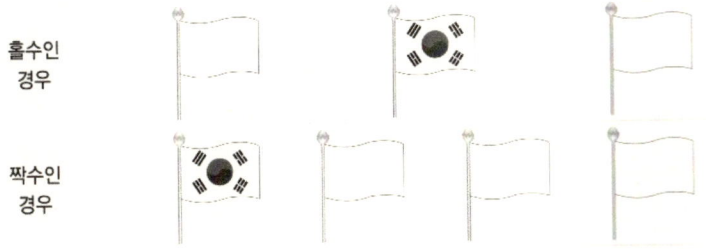

홀수인 경우

짝수인 경우

별표 6

| 국기와 외국기의 게양방법(제16조제2항 관련) |

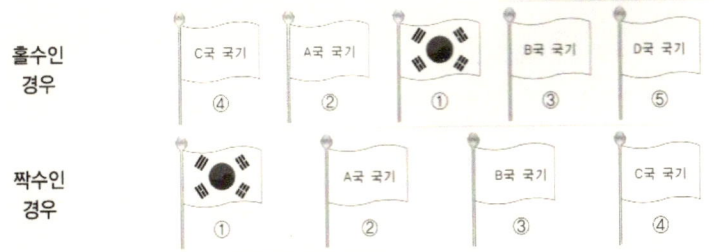

홀수인 경우

짝수인 경우

별표 7

| 국기와 외국기를 교차시켜 게양하는 방법(제16조제3항 관련) |

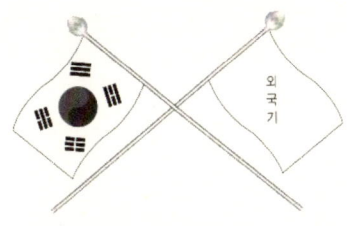

# 국기의 계양·관리 및 선양에 관한 규정

[제정 2009. 9.10 국무총리훈령 제538호]

## 제1장 총칙

**제1조(목적)** 이 훈령은 「대한민국국기법」 및 「대한민국국기법 시행령」에서 규정하고 있는 국기의 계양·관리 및 선양에 관하여 그 시행에 필요한 사항을 규정함으로써 국기에 대한 존경심과 애국심을 고양함을 목적으로 한다.

**제2조(정의)** 이 훈령에서 사용하는 용어의 뜻은 다음과 같다.
1. "다른기"란 국기를 제외한 외국기, 단체기, 군집기(群集旗)를 말한다.
2. "가로기"란 가로(街路)변에 다는 국기를 말한다.
3. "차량기"란 차량에 다는 국기를 말한다.
4. "깃대형"이란 실내에서 이동식 깃대에 국기를 계양하는 것을 말한다.
5. "게시형"이란 실내에서 벽면에 국기를 계양하는 것을 말한다.
6. "탁상형"이란 실내에서 탁상 위에 국기를 계양하는 것을 말한다.

## 제2장 국기의 계양

**제3조(국기계양대 설치 기준)** ① 국가·지방자치단체·공공기관의 청사, 공항, 호텔, 대형건물, 경기장 및 공동주택단지 등에서 국기를 계양하기 위하여 고정하여 설치하는 깃대(이하 "국기계양대"라 한다)를 설치할 경우 국기계양대의 설치 장소별 권장 높이는 다음 각 호와 같다.
1. 지상 : 지면에서 7 미터 이상. 다만, 3층 이하의 건물인 경우 5 미터 이상으로 한다.
2. 옥상 및 차양대(遮陽臺) 위 : 옥상·차양대 바닥에서 3 미터 이상
3. 건물벽면 : 조기(弔旗) 계양이 가능하도록 계양할 국기 세로 너비의 3배 이상

② 건물 및 건물 주변에 국기계양대를 설치하는 경우에는 건물과 국기계양대 사이에 충분한 거리를 유지하여야 하며, 최소한 계양하는 국기의 가로 길이보다 넓게 하여 국기가 건물에 닿지 않게

해야 한다.

③ 국기게양대를 포함한 여러 개의 게양대를 함께 설치할 경우에는 게양대 간 간격은 최소한 게양하는 국기의 가로 길이보다 넓게 하여 서로 닿지 않게 해야 한다.

**제4조(국기 게양일 및 게양·강하 시각)** ① 국기는 매일 24시간 게양할 수 있다. 다만, 교육적 목적을 위해 국기게양식 및 국기강하식이 필요한 학교 및 군부대의 주된 국기게양대에는 매일 낮에만 게양하며, 심한 눈·비와 바람 등으로 국기의 훼손이 우려되는 경우에는 게양하지 아니한다.

② 국가 및 지방자치단체는 「대한민국국기법」 (이하 "법"이라 한다) 제8조제1항에 따라 국기를 게양하여야 하는 날에는 모든 국민이 국기를 게양하도록 계도 하는 데에 최대한 노력하여야 한다.

**제5조(옥외 국기 게양 규격)** ① 옥외 국기 게양 규격은 영 별표 1에 따른 규격을 기준으로 다음 각 호에서 정한 바에 따르되, 고층·대형건물인 경우에는 건물의 높이와 규모를 고려하여 최대한 대형의 국기를 게양하도록 한다.

1. 국가기관, 특별시, 광역시, 도, 특별자치도의 청사 : 3호기(270센티미터×180센티미터) 이상
2. 시·군·자치구, 특별지방행정기관 및 그 밖에 관할구역이 이에 상당하는 기관의 청사 : 5호기(180센티미터×120센티미터) 이상
3. 읍·면·동 및 그 밖에 관할구역이 이에 상당하는 기관의 청사 : 7호기(135센티미터×90센티미터) 이상

**제6조(국기와 다른기의 게양방법)** ① 외국기, 단체기 또는 군집기(이하 "다른기"라 한다)를 국기와 함께 게양하는 경우에는 그 크기를 국기에 맞추어 게양하며, 다른기의 모양이 국기와 달라 크기를 맞출 수 없을 경우에는 다른기의 좌측 상단에서 우측 하단까지의 길이를 국기의 대각선의 길이에 맞춰 그 크기를 조정한다.

② 영 제11조제3항에 따라 국기게양대를 다른기의 게양대보다 높게 설치한 경우에는 국기를 높은 게양대에 게양한다. 다만, 외국기와 함께 게양할 때에는 그 높이를 같게 게양한다.

③ 국기와 함께 게양할 다른기의 게양 순서는 다음 각 호와 같다.

1. 게양할 기의 총수가 홀수인 경우 : 앞에서 게양대를 바라보아 국기의 왼쪽이 차순위, 국기의 오른쪽이 차차순위로 하여 국기의 왼쪽이 오른쪽에 우선하여 번갈아 가면서 국기에서 멀어질수록 후순위가 되도록 한다.
2. 게양할 기의 총수가 짝수인 경우 : 앞에서 게양대를 바라보아 국기의 바로 오른쪽이 차순위,

그 다음이 차차순위로 하여 국기에서 오른쪽으로 멀어질수록 후순위가 되도록 한다. 다만, 국기게양대가 높게 설치된 경우에는 제1호의 방법을 따르되, 마지막 순서의 기는 오른쪽 끝에 위치하도록 하여 좌우 균형을 맞추도록 한다.
④ 게양대의 높이가 동일한 경우의 국기 게양위치는 다음 각 호와 같다.
1. 게양할 기의 수가 홀수인 경우 : 중앙
2. 게양할 기의 수가 짝수인 경우 : 앞에서 게양대를 바라보아 왼쪽 첫 번째
⑤ 그 밖에 제1항부터 제4항까지 외의 경우에 국기 및 다른기의 게양 방법은 별표 1과 같다.

**제7조(국기의 조기 게양)** ① 법 제9조제1항제2호에 따른 현충일 등의 조의를 표하는 날에는 함께 게양하는 다른기도 국기와 같이 조기로 게양한다. 다만, 외국기를 조기로 게양할 경우에는 미리 해당 국가또는 관계기관과 협의를 거치도록 한다.
② 조기는 법 제9조제1항제2호에 따라 게양하되, 차량이나 보행자의 통행에 지장을 줄 우려가 있거나 깃대가 짧아 조기로 게양할 수 없는 등 부득이한 사유가 있는 경우에는 조기임을 알아볼 수 있을 정도로 최대한 내려 단다.
③ 가로기와 차량기는 원칙적으로 국경일 등에 게양하고 조기 게양일에는 게양하지 않는다. 다만, 국립현충원 등 추모행사장 주변 도로나 추모행사용 차량에는 조기를 게양할 수 있다.

**제8조(국기의 야간 게양)** ① 국기를 매일 24시간 게양하는 경우 야간게양의 효과를 높이기 위해 각 기관 청사의 주된 게양대에는 야간조명시설을 설치하고, 청사 울타리 등 많은 깃대가 함께 설치된 장소에도 가급적 야간조명시설을 설치하도록 한다.
② 지방자치단체의 장은 관내 공항·호텔 등 국제적인 교류장소와 대형건물·공원·경기장 등 많은 사람이 출입하는 장소의 국기게양대에도 해당 시설물의 관리자로 하여금 가급적 야간조명시설을 설치할 것을 권장하도록 한다.
③ 야간조명등은 방수등(防水燈)으로 하며 국기의 색상이 정확하게 보이는 메탈할라이드 계통을 사용하되, 전력량당 광량(光量)이 많은 것을 사용하여 에너지를 절약하고 수명이 길며 빛의 색상이 변하지 않는 것을 사용한다.
④ 야간조명시설을 설치할 때에는 국기 전체를 비출 수 있도록 하며, 다른기와 함께 게양할 때는 다른기도 함께 조명될 수 있도록 한다.

**제9조(가로기 게양)** ① 가로기는 다음 각 호의 날을 경축하기 위해 주요 도로변에 게양하며, 제1호의

경우에는 전일부터 당일까지, 그 밖의 경우에는 해당일 또는 해당기간에 게양한다.
1. 「국경일에 관한 법률」 제2조에 따른 국경일
2. 국군의 날
3. 그 밖에 정부가 따로 지정한 날 또는 기간
② 지방자치단체는 제1항의 규정에도 불구하고 지역의 기념일이나 축제를 경축하기 위해 해당 지방자치단체의 관할 구역에 한정하여 가로기를 게양할 수 있으며, 국기 선양을 목적으로 일정 구간을 지정하여 연중 게양할 수 있다.
③ 가로기용 국기꽂이는 V자형 꽂이(표준규격의 국기를 게양하기 위해 V자형으로 설치한 국기꽂이를 말한다. 이하같다) 또는 배너형 꽂이(국기의 깃면을 필요한 만큼 늘여서 수직으로 게양하기 위해 설치한 국기꽂이를 말한다. 이하같다)로 설치하며, 차량이나 보행자의 통행에 지장을 주지 않도록 높이와 방향 등을 적절하게 설치하여야 한다.
④ V자형 꽂이를 설치할 때는 V자형 꽂이의 방향을 도로와 인도의 경계선과 나란히 하여 기둥의 도로 방향 쪽 면에 하나의 몸체로 설치하고 V자의 내각은 90도 이내로 하여 부채꼴모양이 되도록 한다.
⑤ 하나의 기둥에 V자형 꽂이와 배너형 꽂이를 함께 설치할 때에는 V자형 꽂이를 배너형 꽂이보다 높게 설치하고, 이 경우 국기를 다른기보다 아래쪽에 게양해서는 아니된다.
⑥ 국가적 경축일에는 국기만을 가로기로 게양하는 것을 원칙으로 한다. 다만, 다음 각 호의 어느 하나에 해당될 때에는 국기와 다른기를 함께 게양할 수 있다.
1. 외국의 주요 국빈 방문이나 국제적 행사기간과 겹칠 때
2. 지역축제 등 지방자치단체의 경축일과 겹칠 때
3. 기타 민방위훈련 등 국가 및 지방자치단체가 실시하는 행사와 겹칠 때
⑦ 국기와 다른기를 함께 게양할 경우에는 차량진행방향에서 바라보아 국기는 왼쪽, 다른기는 오른쪽에 위치하도록 하여 하나의 기둥에 같이 게양하거나 기둥을 달리하여 국기와 다른기를 차례로 번갈아 게양한다.
⑧ 가로기의 게양 방법은 별표 2와 같다.

**제10조(주택 및 건물에서의 국기 게양)** ① 단독주택의 대문과 공동 주택의 각 세대 난간에는 밖에서 바라보아 중앙이나 왼쪽에 국기를 게양하는 것을 원칙으로 하되, 부득이한 경우에는 그 위치를 달리할 수 있다.

② 건물 또는 건물 주변에 국기를 게양할 경우에는 건물 앞쪽에서 건물을 바라보아 건물의 중앙이나 왼쪽 지상, 건물 옥상의 중앙이나 왼쪽 또는 차양시설 위의 중앙에 수직으로 게양하거나 주된 출입구의 위쪽 벽면 중앙에 하늘을 향해 경사지게 게양할 수 있다.
③ 주택 및 건물에서의 국기 게양 방법은 별표 3과 같다.

**제11조(실내에서의 국기 게양)** ① 실내에서의 국기 게양은 깃대형을 원칙으로 하되, 실내여건에 따라 게시형이나 탁상형으로도 할 수 있다.
② 실내에서 국기를 게양하는 경우에는 다음 각 호의 규격으로 게양하되, 사무실의 크기 등을 감안하여 크기를 조정할 수 있다.
1. 깃대형 : 5호부터 8호까지의 규격
2. 게시형 : 8호부터 9호까지의 규격. 이 경우 가급적 별표 4에 따른 실내게시용 국기 규격을 사용하도록 한다.
3. 탁상형 : 9호부터 10호까지의 규격
③ 실내에서의 국기 게양 장소는 별표 5에 따르되, 시·군·자치구 이상의 기관의 기관장실에는 가급적 깃대형을 설치하도록 한다.
④ 깃대형에 국기를 게양할 때에는 태극문양의 빨간색이 오른쪽에 오도록 하여 늘어뜨려 단다.
⑤ 국기의 게양 유형별 게양 위치는 다음 각 호와 같다.
1. 깃대형의 경우
  가. 기관장실, 부서장실 등의 개인집무공간인 경우에는 앞에서 집무탁상을 바라보아 집무탁상 뒤 왼쪽에 위치하도록 한다.
  나. 회의실 또는 강당의 경우에는 앞에서 단상을 바라보아 단상 왼쪽에 위치하도록 한다.
2. 게시형의 경우
  가. 주출입문 맞은편 벽면에 게시하는 것을 원칙으로 하되, 사무실의 구조 및 기타 게시물과의 간격을 적절하게 조정하여 전체적으로 조화를 이루도록 한다.
  나. 국기를 다른 게시물과 함께 게시하는 경우에는 다른 게시물보다 낮게 게시해서는 안되며 별표 6과 같이 게시한다.
3. 탁상형의 경우 : 앞에서 탁상을 바라보아 탁상 위 왼쪽 전면에 위치하도록 한다.

**제12조(행사장에서의 국기 게양)** ① 행사장별 국기 게양 방법은 다음 각 호와 같다.

1. 옥외행사의 경우 : 이미 설치된 옥외의 주된 게양대에 대형의 국기를 게양하는 것을 원칙으로 한다. 다만, 단상에 참석한 사람들이 옥외 게양대의 국기를 볼 수 없거나 멀리 떨어져 있을 때에는 앞에서 단상을 바라보아 단상 왼쪽에 임시 국기게양대를 설치한다.
2. 옥내행사의 경우 : 실내체육관 등 중·대형 행사장은 대형 깃면을 단상 뒤쪽 중앙 벽면에 설치하는 것을 원칙으로 하되, 원형 실내체육관 등은 깃면이 잘 보이는 위치에 설치하도록 한다.
3. 회의실 등 소규모 행사장의 경우 : 탁상형 국기를 게양하되, 앞에서 단상을 바라보아 단상 왼쪽에 게양하도록 한다.

② 실내·외 행사를 막론하고 행사장에 국기를 게양할 때에는 실물 국기를 게양하여야 한다. 다만, 보조적으로 발광화면이나 스크린 등을 활용하여 국기를 볼 수 있도록 하는 것은 가능하되 실물 국기를 게양하지 않은 채 발광화면이나 스크린 등을 통해 영상만으로 국기를 보여주어서는 아니된다.

## 제3장 국기의 관리 및 선양

**제13조(옥외게양용 국기천의 소재)** 옥외게양용 국기천의 소재는 쉽게 오염되지 않고 약한 바람에도 잘 나부끼며 심한 비·바람 등의 날씨에도 쉽게 훼손되지 않도록 하기 위해 다음 각 호의 기준에 맞는 천을 사용하는 것을 원칙으로 하되, 이와 같은 효과를 높이기 위해 필요한 경우에는 코팅 등 특수처리를 하거나 다른 소재의 천을 사용할 수 있다.
 1. 소재 : 폴리에스테르 섬유 100퍼센트
 2. 무게 : 1제곱미터당 53그램 이상
 3. 밀도 : 5센티미터당 경사 165본 이상, 위사 131본 이상

**제14조(국기의 염색 및 가공)** ① 국기는 그 색상이 변색 또는 퇴색됨이 없이 선명하게 오래 지속되는 방식으로 염색하여야 한다.
② 국기의 염색은 앞뒤 양면 모두 선명하게 나타나도록 하여야 하며 태극의 빨간색과 파란색이 서로 겹치거나 틈새가 생기지 않도록 하여야 한다.
③ 국기는 그 가공과정에서 때가 덜 묻고 정전기의 발생을 방지하며 발수가 잘 되도록 필요한

처리를 하여야 한다.
④ 국기는 그 깃면의 테두리를 두줄박이로 봉제하여 쉽게 터지지 않도록 하여야 한다.
⑤ 제1항부터 제4항까지에 따른 국기의 품질가공기준은 별표 7과 같다.

제15조(국기 보급 확대) ① 행정안전부장관은 국기의 원활한 보급을 위하여 필요한 경우 관계행정기관에 협조를 요청할 수 있으며, 관계행정기관은 이에 적극적으로 협조할 수 있도록 노력하여야 한다.
② 지방자치단체의 장은 지역주민들이 국기를 쉽게 구입할 수 있도록 국기선양관련단체, 국기판매업체 등과 협의하여 소속기관의 민원실에 국기판매대를 설치·운영하거나 구내매점에서 국기를 판매하도록 하고, 백화점·편의점·문구점 등 상업시설에서도 국기를 판매할 것을 적극 권장하도록 한다.
③ 국가 및 지방자치단체는 각종 대회의 시상품이나 행사기념품 및 방문기념품 등으로 국기를 적극 활용하도록 한다.
④ 지방자치단체의 장은 전입자 또는 혼인 신고자 등에게 국기를 선물로 증정하는 방안을 강구하고, 공동주택이나 각종 업소에서도 입주 증정품 또는 사은품 등으로 국기를 활용할 것을 적극 권장하도록 한다.

제16조(국기수거함의 설치·운영) ① 지방자치단체의 장은 민원실, 주민센터 등에 국기수거함을 설치·운영하여 지역주민들로 하여금 오염·훼손된 국기를 쉽게 폐기할 수 있도록 한다.
② 국기수거함은 국기의 품격을 떨어뜨리지 않도록 제작·관리하여야 한다.

제17조(국기 게양 관리) ① 국기를 게양하는 국가기관 및 지방자치 단체의 장은 게양된 국기의 깃면 상태를 수시로 점검하여 오염·훼손된 국기는 즉시 교체하도록 하고, 국기게양대 상태를 월 1회 이상 정기점검하여 변색 또는 파손된 국기게양대는 규정에 맞게 보수하거나 교체하여야 한다.
② 지방자치단체의 장은 오염·훼손된 가로기를 게양하는 일이 없도록 하고, 게양기간 동안 가로기의 깃대가 파손되거나 깃면이 오염 또는 훼손된 채 방치되는 일이 없도록 수시로 관리하여야 한다.

제18조(국기 및 국기문양의 활용) 국가 또는 지방자치단체는 다음 각호의 경우를 제외하고는 국기를 선양할 목적으로 국기 및 국기문양의 활용을 장려하되, 민간 기업이나 단체 또는 개인이 영리

목적, 인지도 향상 등의 사적인 목적으로 국기 또는 국기문양을 이용하지 않도록 계도·안내하도록 한다.
  1. 국기의 깃면에 구멍을 내거나 절단하여 사용하는 경우
  2. 국기 또는 국기문양이 국민에게 혐오감을 줄 우려가 있는 방식으로 활용되는 경우

**제19조(국기의 선양)** ① 국가기관 및 지방자치단체는 국기의 존엄성과 위상을 높이고 국민들의 국기에 대한 인식 및 친근성을 높이기 위해 국기 보급 운동, 국기사랑 글짓기대회, 그림 그리기 대회, 사진대전 등 다양한 국기 선양 사업을 개발·추진하도록 한다.
② 국가기관 및 지방자치단체는 모든 국민을 대상으로 전개하는 국기 선양 운동에 적극 참여하여야 한다.
③ 학교는 국기 그리는 법과 게양방법 및 국기에 대한 예절교육을 실시하여 국기에 대한 관심과 이해를 높이고 나라 사랑하는 마음을 길러줄 수 있도록 한다. 특히, 국경일, 기념일 등 모든 국민이 국기를 게양하여야 하는 시기에는 특별히 국기 게양방법 교육을 실시하도록 한다.
④ 국기 선양을 위한 각 기관별 추진사항은 별표 8과 같다.

## 부칙

**제1조(시행일)** 이 훈령은 발령한 날부터 시행한다.

**제2조(다른 훈령의 폐지)** 태극기 사랑운동 실천지침은 폐지한다.

**별표 1**

| 경우에 따른 국기 및 다른기의 게양 위치(제6조제5항 관련) |

1. 국기 게양 방법

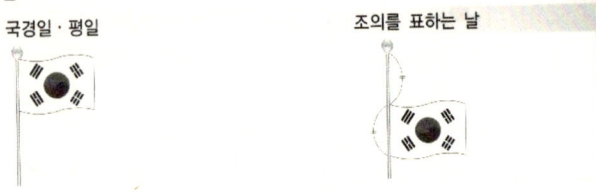

2. 국기게양대가 높게 설치된 경우(2008. 7. 17. 부터 국기게양대를 설치하는 경우에 적용한다)
   ◈ 게양대가 3개인 경우(앞에서 바라보는 경우를 말한다)

   ◈ 게양대가 4개인 경우(앞에서 바라보는 경우를 말한다)

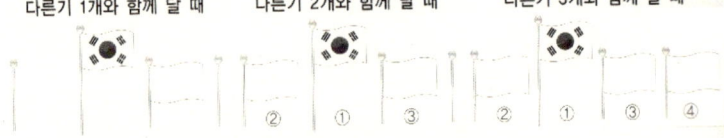

   ◈ 외국기와 함께 게양할 경우(앞에서 바라보는 경우를 말한다)

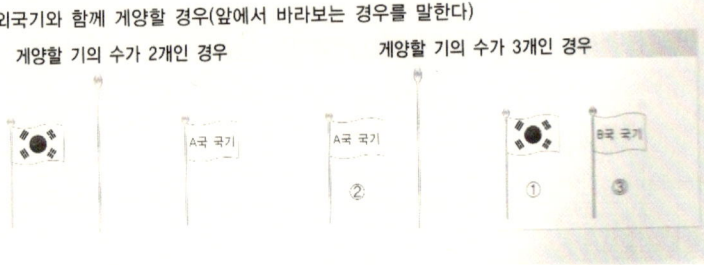

3. 게양대의 높이가 동일하게 설치된 경우(2008. 7. 17. 이전에 국기게양대를 설치한 경우에 적용한다)

◎ 게양대가 2개인 경우(앞에서 바라보는 경우를 말한다)

국기만 달 때　　　　　　다른기와 함께 달 때

◎ 게양대가 홀수인 경우(앞에서 바라보는 경우를 말한다)

국기만 달 때　　　다른기 1개와 함께 달 때　　　다른기 2개와 함께 달 때

◎ 게양대가 짝수인 경우(앞에서 바라보는 경우를 말한다)

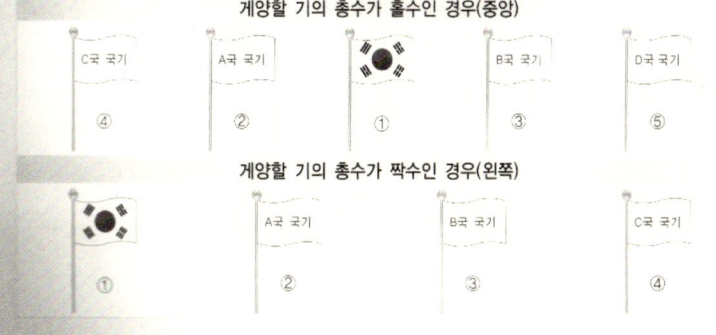

◎ 여러 외국기와 함께 게양할 경우(앞에서 바라보는 경우를 말한다)

게양할 기의 총수가 홀수인 경우(중앙)

C국 국기　　A국 국기　　　　　　B국 국기　　D국 국기
　④　　　　　②　　　　①　　　　③　　　　⑤

게양할 기의 총수가 짝수인 경우(왼쪽)

　　　　　A국 국기　　B국 국기　　C국 국기
①　　　　　②　　　　③　　　　④

**별표 2**

| 가로기의 게양 방법(제9조제8항 관련) |

**1. 국기만 게양할 때**(차량 진행 방향에서 바라보는 경우를 말한다)

경사진 형태(V자형)　　　　　깃면을 늘여 다는 형태(배너형)

**2. 국기와 다른기를 함께 게양할 때**

경사진 형태(V자형)　　　　　깃면을 늘여 다는 형태(배너형)

비고 : 하나의 기둥에 꽂이를 달리하여 위 그림과 같이 게양하거나, 기둥을 달리하여 국기와 다른기를 차례로 번갈아 게양함

### 별표 3

| 주택 및 건물에서의 국기 게양 방법(제10조제3항 관련) |

1. **단독주택** : 집 밖에서 바라보아 대문의 왼쪽 또는 중앙에 게양한다.

2. **공동주택** : 집 밖에서 바라보아 베란다의 왼쪽 또는 중앙에 게양한다.

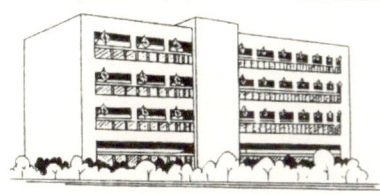

3. **건물주변** : 전면지상의 중앙 또는 왼쪽, 옥상이나 차양시설 위의 중앙, 또는 주된 출입구의 위 벽면 중앙에 게양한다.

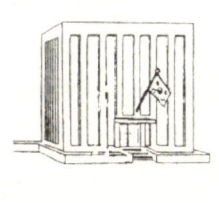

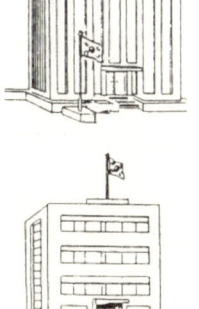

별표 4

| 실내 게시용(정부권장형) 국기틀 규격(제11조제2항 관련) |

1. 구성 : 국기, 국기틀

2. 국기의 규격 등
   ○ 국기의 크기 : 국기의 표준규격 제9호(450㎜ × 300㎜)
   ○ 국기의 표면 : 실내조명에 반사되지 않도록 무광(無光) 처리

3. 국기틀의 규격 등 : 1종(2개 색상)

| 형 태 | 크 기 | 재 질 | 색 상 |
|---|---|---|---|
| 좌우보필형 | 밑판   574×350㎜<br>원형목  32㎜(지름)<br>두께(국기부분) 18㎜ | 목 재 | 밤색,<br>연한밤색 |

○ 국기틀 사진

(밤색)

(연한밤색)

4. 국기틀의 색도
   ○ 밤   색 : pantone 18-1239TP
   ○ 연한밤색 : pantone 16-1327TP

5. 국기 및 국기틀 규격의 변경
   게시장소의 여건에 따라 국기 및 국기틀의 규격을 확대 또는 축소할 수 있다. 다만, 이 경우에도 국기는 3 : 2의 비율을 유지해야 하며, 국기틀의 품격을 떨어뜨려서는 안된다.

별표 5

## 실내 게양(게시) 범위(제11조제3항 관련)

### 1. 중앙행정기관 및 소속기관

| 구 분 | | 기관장실 | 부기관장실 | 대회의실 (대강당) | 민원실 | 부서장실 | 일반사무실 |
|---|---|---|---|---|---|---|---|
| 유무 | | ○ | □ | ○ | □ | △ | △ |
| 유형 (택1) | | 깃대형 게시형 | 깃대형 게시형 탁상형 | 깃대형 게시형 | 게시형 | 게시형 탁상형 | 게시형 |

(○: 의무, □: 권장, △: 자율)

### 2. 지방자치단체 및 소속기관

| 구 분 | | 단체장실 | 부단체장실 | 대회의실 (대강당) | 민원실 | 부서장실 | 일반사무실 |
|---|---|---|---|---|---|---|---|
| 유무 | | ○ | □ | ○ | □ | △ | △ |
| 유형 (택1) | | 깃대형 게시형 | 깃대형 게시형 탁상형 | 깃대형 게시형 | 게시형 | 게시형 탁상형 | 게시형 |

(○: 의무, □: 권장, △: 자율)

### 3. 교육행정기관 및 각급 학교

| 구분 | 기관장실 | 부기관장실 | 대회의실 (대강당) | 민원실 | 부서장실 | 일반사무실 | 교무실 | 교실 |
|---|---|---|---|---|---|---|---|---|
| 유무 | ○ | □ | ○ | □ | △ | △ | □ | ○ |
| 유형 (택1) | 깃대형 게시형 | 깃대형 게시형 탁상형 | 깃대형 게시형 | 게시형 | 게시형 탁상형 | 게시형 | 게시형 | 게시형 |

(○: 의무, □: 권장, △: 자율)

### 4. 기타 공공기관의 경우에는 위의 기준을 준용한다

**별표 6**

| 국기와 일반 게시물의 게시 예(제11조제5항 관련) |

1. 횡으로 배치 시

◈ 2종의 경우

　　　　　　　국 기　　　　　게시물1

◈ 3종의 경우

　　　게시물1　　　　국 기　　　　게시물2

◈ 4종의 경우

　　국 기　　게시물1　　게시물2　　게시물3

2. 횡·종 배치 혼합형

◈ 3종의 경우

　　　　　국 기　　　　　　　　　국 기
　　　　　　　　　　또는　　게시물1　　　　게시물2
　게시물1　　게시물2

◐ 4종의 경우

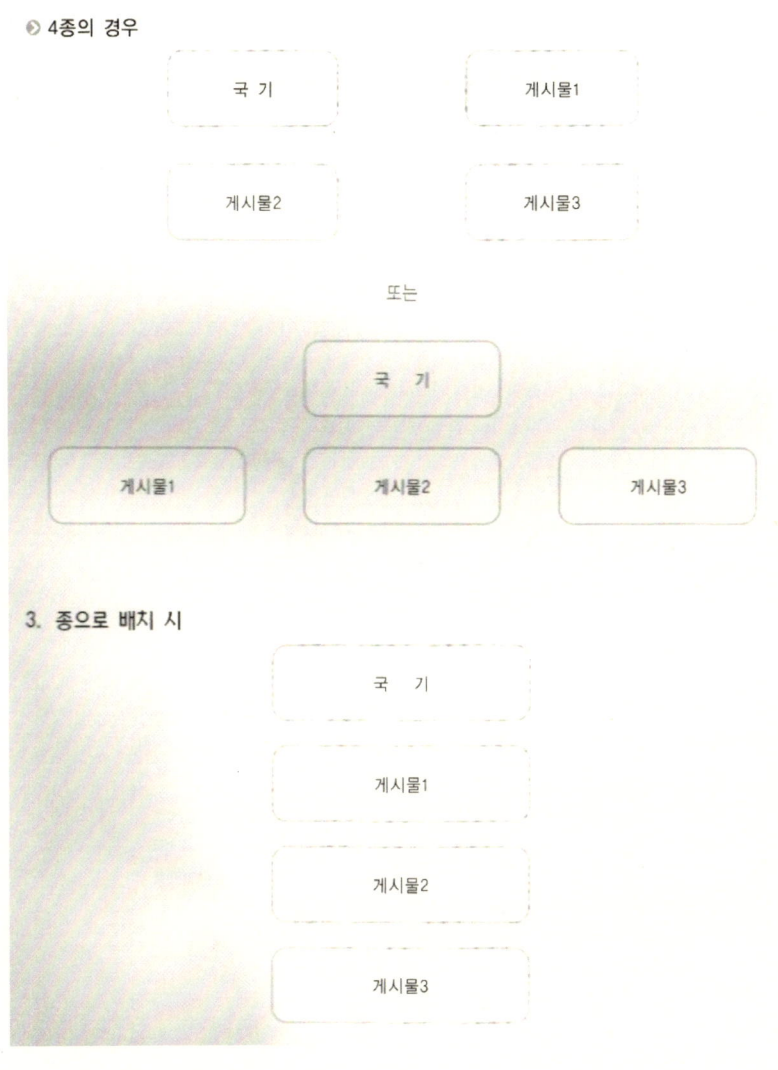

3. 종으로 배치 시

**별표 7**

| 국기의 품질가공기준(제14조제5항 관련) |

| 구 분 | 기 준 | 비 고 |
|---|---|---|
| 가. 일광견뢰도 | 4급 이상 | 1~8급 |
| 나. 세탁견뢰도 | | |
|   - 변 퇴 | 4급 이상 | 1~5급 |
|   - 오 염 | 4급 이상 | 1~5급 |
| 다. 발 수 도 | 90 이상 | 0, 50, 80, 90, 100 |

비고 : 등급은 한국산업표준(KS)에 의한 시험방법에 따른 등급을 말함

**별표 8**

| 국기선양을 위한 관련 부처별 추진사항(제19조제4항 관련) |

## 1. 각 부처 공통사항

○ 부처별 각종 행사시 실내의 경우라도 반드시 국기를 게양하여 TV중계나 보도사진 등에 국기가 잘 보이도록 한다.
○ 각종 임명장 수여식, 기자회견(예 : 기자회견장의 배면 장식)이나 회의시에도 TV화면에서 국기가 잘 보일 수 있도록 한다.
○ 각종 대회나 각급 기관·단체, 교육원 및 학교 등의 시상품 또는 방문 기념품으로 국기 세트를 증정한다.
○ 독립건물을 가진 각종 협회, 사회봉사 및 시민운동단체 등 산하 유관단체의 건물과 민간대형건물에 매일·24시간 국기 게양을 권장한다.
○ 각급 기관·단체명의로 제작·배포하는 수첩·달력 등에 국기 수록 및 국기 다는 날을 표시하도록 한다.
○ 각 부처 발간 정부간행물의 표지에 국기문양 등 국가상징물을 활용한다.
○ 국기게양대 간의 간격을 조정하여 대형국기를 게양하도록 권장한다.
○ 모든 행정기관은 원칙적으로 조달청 보급 국기를 구입·활용한다.
   다만, 조달청에 해당 호수의 국기가 없거나, 긴급한 사유가 있는 등 불가피한 경우와 조달가격보다 더 저렴하게 구입할 수 있는 경우에는 민간업체로부터 구입할 수 있다.

## 2.「전 국민 국기 달기 운동」부처 공통 추진사항

○ 기관 홈페이지, 구내방송, 직원조회, 게시판 등을 활용하며, 소속 직원으로 하여금 국기 달기 운동을 적극 홍보할 수 있도록 독려한다.
○ 산하 각급 기관·단체 및 관련 기업체 등에 전파할 수 있도록 협조를 요청한다.

## 3. 부처별 소관사항

| 부처명 | 소 관 사 항 | 비 고 |
|---|---|---|
| 행정안전부 | ○ 국기 보급 및 선양 계획 수립·총괄<br>○ 지방자치단체 소관 사항에 대한 지도·지원<br>○ 공공기관의 국기 계양 및 관리 실태 점검<br>○ 국가상징 선양사업 추진 및 우수기관(개인) 포상 실시<br>○ 「전 국민 국기 달기 운동」 추진<br>　- 국기 달기 계획 수립·통보<br>　- 관보에 국기 달기 홍보<br>　- 정부청사(중앙·과천·대전) 국기 달기 안내 방송 실시 및<br>　　전광판 홍보 | 각급<br>기관<br>및<br>단체 |
| 문화체육<br>관광부<br>·<br>방송통신<br>위원회 | ○ 국가상징 선양프로그램 제작 및 방송<br>　- 국경일 계기 특집방송 프로그램 제작<br>　- 공익방송 및 공익광고 등 활용<br>○ 「전 국민 국기 달기 운동」 홍보<br>　- 각 언론사(방송·신문)에 국기 달기 홍보 협조 요청<br>　　· TV 방송 진행자 코멘트 협조<br>　　· TV 자막 방송<br>　- 옥외 전광판 및 케이블TV를 이용한 국기 달기 홍보 등<br>○ 문화CI, 관광CI에 국기 등 국가상징 문양 활용 연계<br>　- 국가상징 문양을 활용한 관광상품 개발·보급 등<br>○ 각급 관광호텔의 매일·24시간 국기 계양 권장 | 방송사<br>및<br>언론사 |
| 교육과학<br>기술부 | ○ 각급 학교 학생에 대한 국기 교육 실시<br>　- 국기의 뜻과 유래, 국기 계양방법 등 교육<br>　- 그림 그리기, 글짓기 등 활용<br>　- 계양·강하식에 학생 참여<br>　- 각급 학교 교과과정에 국기에 관한 내용 반영<br>○ 「전 국민 국기 달기 운동」 홍보<br>　- 각 시·도 교육청 및 각급 학교에 전파<br>　　· 부모님과 함께 국기 달기 참여 유도<br>　　· 국기 달기 '가정통신문' 발송<br>　　· 국기 달기에 대한 소감문 발표 유도 | 각 시·도<br>교육청 |

| 부처명 | 소 관 사 항 | 비 고 |
|---|---|---|
| 지식경제부 | ○ 백화점 등 대형유통시설에 상설 국기 판매대 설치 및 통신판매 확충<br>○ 민간기업체의 고객사은품으로 국기 증정 권장<br>○ 생활용품 및 학용품 등에 국기 등 국가상징 문양을 활용한 디자인개발<br>○ 각 기업체의 고객 사은품·기념품으로 가정용 국기 증정 권장<br>○ 「전 국민 국기 달기 운동」 홍보<br>  - 각 기업체의 사보 및 신문광고 등에 국기 달기 홍보 문안 삽입 권장 | 경제 5단체 및 전국은행 연합회 |
| | ○ 「전 국민 국기 달기 운동」 홍보<br>  - 인터넷우체국(www.epost.kr) 및 우체국판매 상품카탈로그를 통한 태극기 판매 홍보 | 우정 사업 본부 |
| 국토해양부 | ○ 공항, 호텔, 대형건물, 경기장 등에 게양대 설치 및 게양대간 간격 확보<br>○ 아파트 등 공동주택단지의 주게양대 설치<br>○ 국제공항 등에서의 매일·24시간 국기 게양<br>○ 항구·선박 등의 매일·24시간 국기 게양<br>○ 터미널·역·고속도로 휴게소 등의 국기 게양<br>○ 단독 및 공동주택 신축 또는 증·개축 시 국기꽂이 설치 확인점검<br>  ※ 근거 : 「주택건설기준 등에 관한 규정」 제18조제4항<br>○ 「전 국민 국기 달기 운동」 홍보<br>  - 철도·전철 구내방송을 통한 국기 달기 홍보 안내 방송 실시 | |
| 법무부 | ○ 외국인 귀화시 국기 증정 | |
| 외교통상부 | ○ 재외공관 「재외동포 국기 나눠주기 운동」 추진 | |
| 조달청 | ○ 매일·24시간 게양에 따른 태극기 재질기준 제고<br>○ 가로기의 조달 물품화 추진 | |
| 지방자치단체 | ○ 연중게양 대상 확대<br>  - 대형 할인마트·백화점·호텔·시장 등 많은 사람이 모이거나 드나드는 장소<br>  - 광역자치단체 청사의 울타리기, 시·군·구의 도로변 및 농촌마을 입구의 군집기 등 | |

| 부처명 | 소관사항 | 비고 |
|---|---|---|
| 지방자치단체 | - 운동장·공원 등 다중집합시설의 국기게양대<br>○ 국기의 대형화와 게양위치 조정<br>　- 대형건물에 걸맞는 대형 국기 게양<br>　- 국기가 잘 보이도록 건물 형태별 게양위치 조정<br>　- 대형국기에 걸맞는 게양대 설치 및 게양대 간 충분한<br>　　간격 확보<br>○ 일선 행정기관의 국기판매대 및 국기수거함 설치·운영<br>　- 시·군·구 민원실 및 읍·면사무소·동 주민센터 등<br>※ 건물용·가정용 국기 비치<br>○ 백화점 등 상업시설에 국기판매 권장<br>○ 신축건물에 대한 국기꽂이 설치 계도<br>○ 주된 국기게양대가 없는 아파트 등 공동주택단지에<br>　국기게양대 설치 계도<br>○ 국기꽂이가 설치되지 않은 가구에 대한 국기꽂이 설치<br>　대책 수립·시행<br>○ 노후된 게양대 및 깃봉의 도색 등 주기적 정비 실시·계도<br>○ 오염·훼손된 국기의 신속한 교체 실시·계도<br>○ 현행 V자형 꽂이를 가급적 배너형 꽂이로 교체 또는 V자형<br>　꽂이를 교통 흐름에 방해가 되지 않는 방향으로 개선<br>○ 혼인신고 또는 전입 신고시 국기세트 선물 증정 권장<br>○ 「전 국민 국기 달기 운동」 홍보 추진<br>　- 모든 홍보 기능을 활용, 국기 게양 홍보 강화<br>　· 통(반)·리장 등 일선 조직을 활용 각 가정 국기달기 독려<br>　· 아파트단지·상가 밀집지역 등에 홍보 유인물 배포,<br>　　게시판 부착, 안내 방송 실시<br>　· 국기꽂이가 설치되지 않은 가구에 대하여 설치 권장<br>　- 택시·버스 등 차량에 국기 달기 운동 전개<br>　- 지역방송매체 및 지하철(버스)내 홍보 방송 실시<br>　- 관내 주요 도로에 가로기 게양 및 관리 철저<br>　· 오염·훼손된 국기가 게양되거나, 깃면이 거꾸로 게양되지<br>　　않도록 사전 확인 철저<br>　· 게양된 가로기의 깃대가 부러지거나 깃면이 오염·훼손된<br>　　채 방치되지 않도록 수시 점검 및 즉각적인 조치 실시 | |

## 88. 태극기선양활동 신문보도

**연합뉴스**

<35년 태극기 사랑..인천 황선기씨>

(인천=연합뉴스) 김남권 기자 = "사람들이 창조, 화합, 번영의 정신이 담겨 있는 태극기처럼만 살아간다면 평화로운 세상이 되겠지요"

35년째 한결같이 태극기 사랑을 실천하고 있는 (사)태극기선양운동중앙회 황선기(57) 회장은 8.15를 하루 앞둔 14일 오후 태극기로 만든 옷 매무새를 다듬으며 이같이 말했다.

황 회장이 태극기를 사랑하기 시작한 것은 1972년. 그는 위, 아래가 뒤바뀐 채 걸려 있거나 야간에까지 게양되어 있는 태극기를 보며 '태극기 바로 알리기'에 나서야겠다고 결심했다.

황 회장의 태극기 바로 알리기 운동은 당시 자신이 다니던 목재회사에서 부터 시작됐고 더러운 태극기와 부서진 깃봉을 사비를 털어 사서 회사에 기증하는 등 태극기 사랑운동을 본격적으로 펼쳐나갔다.

그는 회사 뿐만 아니라 관공서에 잘못 게양된 태극기까지 지적하기 시작했고 이런 황 회장의 유별난 태극기 사랑을 오해한 공무원들이 경찰에 신고해 결국 경찰서에까지 가기도 했다.

(인천=연합뉴스) 김남권 기자 = 14일 오후 35년째 한결같이 태극기 사랑을 실천하고 있는 (사)태극기선양운동중앙회 황선기(57) 회장이 태극기에 얽힌 이야기들을 하고 있다

kong79@yna.co.kr
(끝)

황 회장은 "경찰서에서 이내 오해가 풀렸고 이를 계기로 경찰서 전직원들을 상대로 태극기 관련 강의를 하기도 했다"며 흐뭇한 미소를 지으며 당시를 회상했다.

황 회장의 태극기에 대한 열정은 계속 이어졌고 그는 1982년 태극기 사용 100주년을 맞아 국내 최초로 인천에서 태극기 선양 전시회 개최를 이끌기도 했다.

# 太極旗와 함께한 '나라사랑' 20년

## 이 사람
### 태극기선양운동 중앙회 黃善淇 회장

### 職場도 버리고 두메·섬까지 두루돌며 보급 앞장
### 결혼예물팔아 전시회갖기도… 「國旗館」건립이 꿈

◇20년간 국기보급운동을 펴온 황선기씨는 최근 태극기선양운동중앙회를 결성, 전시회등을 통해 국기사랑의 실천과 계몽에 박차를 가할 예정이다. 〈吳泰憙기자〉

# 경인일보

2007년 7월 17일 화요일 제14517호

## "태극기는 대한민국의 얼굴"

**황선기씨 국기관리규정 법률격상 25년투쟁**
**국기법 27일 공포·시행 결실 "존엄성 지켜"**
**"자율적으로 게양 성숙한 국민의식 필요해"**

국경일이 다가오면 매번 속이 타는 사람이 있다.

(사)태극기선양운동중앙회 황선기(57) 회장. 태극기 하나에 인생을 건 황 회장은 국경일이 다가오면 '이번엔 태극기가 얼마나 걸릴지' 노심초사다.

1972년 처음 태극기 사랑에 빠진 황 회장은 1982년 태극기 사용 100주년을 맞아 우리나라 최초로 인천에서 태극기 선양 전시회를 개최한 장본인이기도 하다.

특히 황 회장에게 이번 제헌절은 남다르다. 1984년 대통령령으로 제정·공포된 '대한민국국기에관한규정'이 법률로 격상되기 직전의 마지막 국경일이기 때문이다.

1982년부터 태극기 관리 규정을 국법으로 격상해야 한다는 외로운 싸움이 25년 만에 성사되면서 법의 소중함도 다시 한 번 느꼈다.

지난해 12월 22일 국회를 통과, 새로 제정된 '대한민국국기법'은 오는 27일 공포·시행된다.

황 회장은 "태극기는 대한민국의 상징이고 얼굴이다. 태극기 관련 규정은 1949년 문교부 고시를 거쳐 1984년 국기제작과 국기게양방법 등을 통합, 대통령령으로 제정됐다 이번에 법률로 격상됐다"면서 "미국이나 영국, 독일 등 여러나라가 헌법 내지는 법률로 국기의 존엄성을 지키고 있는 것에 비하면 늦게 마련된 셈"이라고 말했다.

황 회장은 "제헌절은 헌법을 제정·공포한 날이기 때문에 국가적 의의가 더 크다"면서 "이런 날은 일제시대 때 국기를 마음대로 걸지 못했던 뼈아픔을 생각해서라도 잘 게양해야 한다"고 강조했다. 연중 24시간 국기계양 제도가 시행됐기 때문에 바쁜 사람은 미리 계양해 주어진 국기에 대한 자유권한을 마음껏 누렸으면 하는 소망도 덧붙였다.

그는 "연수 송도의 경우 올해 3·1절엔 1천세대 중 1~2세대 정도가 태극기를 걸었다. 현충일에는 조금 나아져 500세대당 7~8세대가 태극기를 걸었는데 이 역시 좋은 성과는 아니다"라면서 "태극기 관련 규정도 격상된 만큼 자율적으로 태극기를 게양하는 성숙한 국민의식이 필요하다"고 말했다.

/지용구기자·gigu@kyeongin.com

2008년 7월 17일 목요일  창간 20주년 인천일보

제헌절 60돌 기념 인터뷰

## 국가·민족관 투철
## 태극기 사랑 전파

황선기 태극기선양운동중앙회장

17일은 우리 나라 운영의 기본이 되는 헌법이 제정·공포된 제60돌 제헌절.

태극기 선양운동에 36년 세월을 바쳐 온 황선기(58)씨에게 제헌절은 더욱 뜻깊은 날일 수 밖에 없다.

일제 치하에서 해방돼 자주독립국가임을 세계 만방에 알린 이날, 전국 방방곡곡에서 태극기의 물결을 일으키는 게 (사)태극기선양운동중앙회장을 맡고 있는 그의 소망이자 낙이다.

충남 예산이 고향인 황 씨는 군 입대를 앞둔 지난 1972년

황선기 (사)태극기선양운동중앙회장이 증조부로부터 물려받은 옛 태극기(1880년대 제작 추정)를 펼쳐보이고 있다.

76년 다니던 회사에 '깃봉' 등 선물
24시간 게양 방수 깃발 아이디어도

단신으로 전국을 돌며 태극기 바로 달기 운동을 펼쳤다.

군 전역 후 1976년 대성목재 직원으로 입사하면서 제2의 고향 인천에 닻을 내리게 됐다.

"회사 옥상에 게양된 태극기가 너무 낡고 깃봉도 파손돼 보기 흉하더군요. 깨끗한 새 태극기와 깃봉 그리고 보관함을 구입해 회사에 선물로 전달했지요."

지극한 '태극기 사랑'과 애국관에 감탄한 회사 관계자들은 그에게 전 사원을 대상으로 태극기 교육강사로 나서 줄 것을 요청했다.

평소 태극기의 올바른 게양·하강법, 보관법은 물론 국가관과 민족관이 남달리 뚜렷했던 황 씨의 명강의가 입소문을 타기 시작하자 구청, 경찰서, 소방서 등에서도 초청 문의가 쇄도했다.

1982년 당시 인천시 중구 신포동에 있던 공보관에서 세계 최초의 태극기 탄생 100주년 기념 전시회를 열었다.

1988년 서울올림픽을 앞두

곤 전국의 공설운동장에 설치된 태극기 깃봉을 전수조사한 뒤 "쉽게 파손되고 미관상 좋지 않은 폴리염화비닐(PVC) 깃봉을 황금색 깃봉으로 전면 교체할 것"을 청와대와 정부에 건의해 실현시켜 내기도 했다.

국제대회 메달을 따고 시상대에 오른 우리 국가대표 선수들의 가슴에 새겨진 태극기 문양이 잘못된 사례를 지적해 바로잡고 하루 24시간 내내 태극기가 게양될 수 있도록 '방수 깃발' 아이디어를 정부에 낸 주인공도 바로 그였다.

태극기 선양사업을 위해 직장까지 팽개친 황 씨는 급기야 퇴직금과 결혼예물마저 태극기 제작과 행사에 필요한 자금으로 모두 써 버릴 정도였다.

"후회는 없어요. 모든 국민이 대한민국의 상징 태극기를 '벗'처럼 일상 속에서 가깝게 대하는 그날까지 멈추지 않을 겁니다. 17일 인천시내가 온통 태극기로 넘실대길 고대해 봅니다."

/글·사진=윤관옥기자 (블로그) okyun

# THE KOREA TIMES

Visit to Collection Rooms -- (49)

## 'Respect of Nat'l Flag Leads to Patriotism'

By Kim Chang-young

Hwang Sun-gi, 37, a section chief at the Samchondang Pharmaceutical Co., sometimes forgets his main job when he indulges in the study of Taegukki, the Korean national flag, and its history.

He is not only a collector of various Taegukki, flag poles, pole holders, bud-like decorations at the top of poles and everything related to the flag but an experienced yet little known leader of a movement to honor the national flag.

His collection includes 20-odd national flags, 15 poles and pole-tip decorations, 15 flag boxes, and 10 books concerning the history and changes of Taegukki.

Among them are a Taegukki, produced in the early 1910s, and others used by independence fighters during the Japanese colonial rule (1910-45).

He started collecting them about 15 years ago in an attempt to promote partiotism of youths and help people learn to hoist the national flag.

Hwang was motivated by his parents who deplore that Koreans, all of whom had hoisted the Japanese flag under the force of the colonialists, neglect to do so in this liberated nation.

During his "enlightenment" activities that have brought him almost all the remote villages across the country thereafter, he has come across a number of more valuable, antique flags and accessories.

"Many times, I've felt disappointed because I could not afford the things I wented the most," says the salary-man. He has spent a considerable portion of his pays which, more often than not triggered conflicts with the wife.

"I console myself, thinking that the worthy things are better kept by the government or public institutions, or be purchased by someone who treasures them more than I," he said with a sigh.

He observes that the materials of pole-tips indicate the level of industrialization of the times in the country.

"Though they should be made of glass painted in yellow, as a pertinent regulation stipulates, wooden pole-tips were popular in the 1950s, plastic ones in the 1960s and metal ones in the 1970s," he says.

He has recently held a rare exhibition of his Taegukki collection and photos of ancient flags, and modern ones hoisted in the right ways on various occasions.

Timed with the 68th anniversary of the March 1, 1919 National Independence Movement this year, it drew a large crowd of viewers during the 10-day run in a building in the heart of Seoul.

Attractive is a blood-tainted Taegukki which he explains was found in the body of an independence leader who was killed in a battle with Japanese rulers.

Taegukki was designated as the national flag about 100 years ago.

By historic accounts, it was first designed by one of the Choson envoys to Japan on the basis of rough discussion in the royal court. The flag was raised on the rooftop of a hotel in Kobe, Japan, where the young reformists, led by Park Yong-kyo, were staying.

Taeguk, or the red-blue circle in the Korean flag, symbolizes ever-chaging providence of nature with red meaning honor as yang and blue signifying hope as yin in profound Oriental belief.

The four groups of black stripes, long or short, cannotate the sky, earth, sun and moon; four directions —north, south, east and west; four seasons; four key human principles —generosity, righteousness, manners and wisdom; etc.

The whole design, according to Oriental philosophy, embodies peace, prosperity, perpetuity, and other ideals the nation has long cherished.

It had, however, been banned under the 35-year-long Japanese imperialist yoke and several variations had been used by undergrou organizations. The styles were unified in 1948 with the establishment of the independence government.

Hwang said that the respect of the national flag leads to patriotism which he terms as sources of most virtues.

Korea Times
Hwang Sun-gi holds one of his Taegukki collection at a recent, rare exhibition of the national flag, poles and other related articles.

## Pusan Symphony to Hold Concert

The Pusan City Symphony Orchestra will give its 200th regular concert today at 7 p.m. at the Pusan Citizen's Hall in Pusan.

On the program are: Verdi's Opera "I Vespri Siciliani" Overture; Wagner's Opera "Rienzi" Overture; Glinka's Opera "Russlan and Ludmilla" Overture; and Beethoven's Symphony No. 5 in C minor, Op. 67.

Oh Tae-gyun, dean of Pusan Women's College Graduate School, who stayed with the Pusan City Symphony as principal conductor from 1962-72, upon the

Oh TG

Park CH

### New Book

## American Idioms

"ESSENTIAL AMERICAN IDIOMS" compiled by Thomas F. Jernstad, published by the Mail Yongo-sa, 301 pages, 6,000 won.

English has a large number of rich and varied idioms as the language most widely spoken in the world. Idiom is a

황선기 회장의 역사 편 247

## 仁川商議報

1978年10月20日 (金曜日) (2) 第289號

國旗존엄성 함양에앞장

大成木材 黃 善 기씨

全國巡廻 국기바로달기등 啓蒙
國家에대한 義務·忠誠心심어줘

〈黃선기씨〉

國內 최초로 새마을교육시간에「국기의존엄성」
에 대한 교육을 실시하는 企業體가 있다. 이는
全社員들에게 國家觀을 확립, 애국정신을 함양하
여 企業體和를 구축하는데 큰 뜻을 둔것으로 大
成木材工業株式會社 (대표·황용철 = 仁川市東區萬石
洞38) 가 바로 그 主役企業體이다. 大成木材의「국
기존엄성」에대한 교육은 새마을교육의 일환으로
서 수시로 실시하고 있다. 이교육은 同社經理部에
근무하는 黃선기씨 (28) 가 담당하고 있다.

[SOCIETY] 태극기선양운동중앙회

## 태극기를 사랑하고 태극기를 전파해 온 외길 인생
"태극기를 아끼고 사랑하는 마음은 나라를 위하는 마음으로 이어집니다"

황선기 회장

"태극기는 나라를 대표합니다. 국민을 대표합니다. 태극기에 대한 마음은 곧 나라에 대한 마음이기도 합니다."

나라를 사랑하는 방식은 저마다 다르다. 태극기선양운동중앙회를 이끌어 온 황선기 회장은 태극기를 통해 그만의 뜨거운 나라 사랑을 표출한다.

태극기를 위해 그가 바친 인생은 벌써 50여년 가까이 되어간다. 그는 국제 행사 등에서 태극기가 거꾸로 달려있는 장면을 매스컴을 통해 접할 때마다 더없이 마음이 아팠다. 이에 올바른 태극기 게양 방법 전수해 왔고 태극기의 가치와 역사를 알리기 위해 다양한 활동을 펼쳐왔다.

그는 1988년 태극기선양운동중앙회 회장으로 취임했고 1993년에는 태극도에 연구소를 설립했다. 국민계몽 태극기 전시회 수십 회 개최, 울릉도 등 도서지역 국기 보급운동, 88올림픽 경기장 게양대 시정조치, 전국순회 국기무료보급과 국기 바르게 달기운동, 88올림픽 소련·중국 임원 선수에게 국기 400여 벌 기증 등 다양한 방법으로 태극기선양운동을 이어왔다. 특히 이 사업을 위해 자신의 월급 일부를 꾸준히 사용해 왔다. 태극기의 가치를 바로 아는 것이 나라의 정체성을 바로잡고 애국심을 타오르게 하는 기틀이 됨을 잘 알고 있었기 때문이다.

태극기의 역사를 돌아보다

황 회장은 태극기의 역사를 알리는 데에도 힘써왔다. 태극기의 역사를 돌아보면 우리나라 역사에 스며든 숨결을 다시금 느낄 수 있다.

1875년, 우리나라는 병자수호조약체결 후 국기의 필요성을 인식하게 되었다. 하지만 그 시기 청나라는 조선에게 황룡기를 변형해 청룡기를 만들 것을 제안했다. 조선이 독립국이 아닌 청나라의 속국임을 나타내려고 한 것이다.

고종은 청나라의 제안을 거부했고 김홍집에게 '국기를 제정해 조인식에 사용할 것'을 명령했다. 이에 김홍집은 이응준에게 국기를 제정할 것을 명했고, 이때 만든 국기는 1882년 5월 22일 제물포에서 열린 조인식에서 성조기와 나란히 게양되었다.

이후 1882년 9월 수신사 박영효 일행은 일본으로 떠날 때 게양해야 할 국기가 있어야겠다고 생각했고 기존의 국기 도

안내용을 수정하여 태극사괘의 도안이 그려진 기를 만들었다. 이 국기는 1883년 3월 6일 조선의 국기로 정식 채택되었다.

그 다음부터 본격적으로 국기가 널리 보급되었고 1919년 3월 1일 3.1운동 때에는 태극기가 전국 곳곳에서 휘날리게 되었다. 1942년부터는 이 국기를 태극기라고 표현하기 시작했으며 1948년 7월 12일 대한민국 제헌국회에서 태극기가 대한민국의 국기로 공식 제정되었다.

전시회를 통해 태극기를 알리다

태극기를 사용한 지 100년이 되는 1982년도 황선기 회장은 국내 최초로 인천에서 태극기 전시회를 열었다. 서울로 직장을 옮긴 후, 1987년도에는 하늘공원에서 태극기 전시회를 열기도 했다. 그가 마련한 전시회에는 우리가 잘 몰랐던 태극기의 변천사가 펼쳐진다.

그는 초창기에만 해도 태극기가 통일성을 갖추지 못했다고 전한다. 흰 바탕에 태극과 4괘로 구성한다는 원칙만 있을 뿐 통일된 작도법이 없어 다양한 규격의 태극기가 통용되었다는 것이다. 이후 1949년 10월 15일에야 현재의 태극기 규격이 정해져 오늘에 이르게 되었다고 덧붙인다. 그만큼 태극기는 다양한 변형을 거쳐 왔고 각각의 과정에는 찬란한 역사의 순간들이 고스란히 간직되어 있다.

전시회를 통해 이러한 변화들을 한 눈에 볼 수 있게 되자, 역사학자들은 물론 다양한 사람들이 관심을 보여 왔다. 독립기념관에서도 전시회 개최를 타진해 왔고 언론에서도 지속적으로 관심을 가졌다. 남들이 외면해 왔던 태극기를 바로 알리는 작업이 진가를 발휘하게 된 순간이었다. 그밖에도 전시회에서는 태극기를 올바로 게양하는 방법을 소개했다. 잘못된 방법으로 태극기를 게양해 온 문화를 바로 잡는 것이 그의 중요한 사명이기 때문이다.

"태극기의 가치를 지켜나가기 위해서는 태극기를 바로 다는 방법부터 알아야 합니다. 태극기에 대한 태도는 나라를 향한 태도와 연관되지 않을 수 없습니다."

태극기의 가치가 국민들의 마음 속에 되새겨지기를 황 회장은 태극기 게양의 문화를 활성화하기 위해 구체적인 대안을 제안하기도 한다. 대표적인 것이 건축 시, 태극기 게양대 설치를 의무화하거나 시설 내에 국기꽂이를 의무화하는 것이다. 이처럼 말로만 태극기 게양의 필요성을 역설하는 것이 아니라 제도적인 시스템의 마련과 같은 실질적인 변화를 강구한다. 하지만 무엇보다 중요한 것은 국민들의 인식 개선임을 다시금 강조하기도 한다.

"태극기에 대한 인식이 예전만 하지 않습니다. 국경일에 태극기를 다는 집도 드뭅니다. 저조한 게양율을 볼 때마다 안타까움을 금할 수 없습니다."

실제로 태극기 게양에 대한 인식이 사라지고 있는 요즘이다. 그의 주장에 따르면, 이는 나라를 사랑하는 마음 또한 식어지고 있음을 의미하는 것이기도 하다. 그럴 수밖에 없는 것이 국경일을 그저 쉬는 날, 노는 날로 인식하는 것이 오늘날 우리의 모습이다. 이런 문화가 태극기 게양에 대한 인식을 사라지게 만들었고 나라를 생각하고 나라의 역사를 기념하는 문화를 잊게한다. 하지만 그는 분명히 말한다. 태극기에 대한 가치와 인식이 회복된다면 나라에 대한 마음 또한 다시 불타오를 것임을 말이다. 태극기선양중앙회 황선기 회장은 어린이·학생·일반국민에게 대한민국의 전통과 국가관과 애국심을 심어주는 '태극기 박물관' 건립이 반드시 이뤄지길 바라고 있다. 남은 여생, 시인이자 가수로서 태극기 교육과 홍보의 밀알이 될 것을 다짐한다.

<박동웅 기자>

# 大韓民國人物史

### 大韓民國獨立運動史
### 編纂委員會

# 89. 황선기 회장의 태극기 홍보 노래

결전의 새벽… 잠 못 이룬 대~한민국

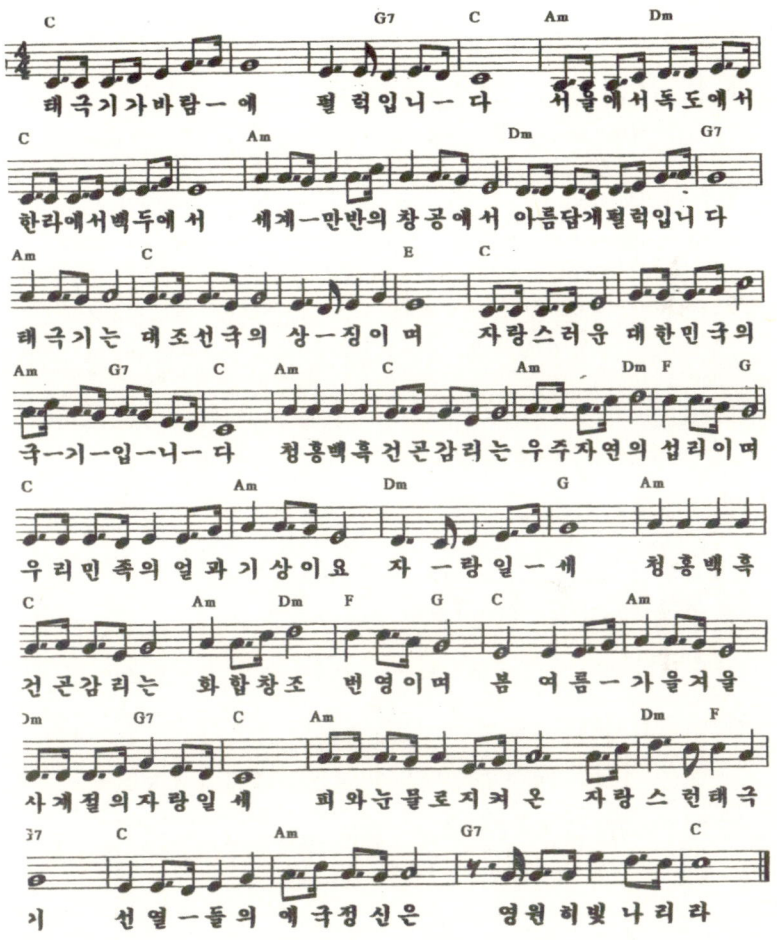

# 태극기

노래 황선기
작사 황선기
작곡 황영일

땅 위의 푸른 들 - 판  백의민족 태극기는  형과
용기를 심어준  나라살 - 린 깃발  어려
웠던 우리민족  한마음 되게 하였고  우리
선조님 얼이새긴  자랑스 - 런 태극기
하늘과 땅  삼천리강 - 산  대한독립만 세
백두산한라산  다함께만만 세
온세상아름답게 꽃피울 - 영원한 -  민족의깃 발
한민족평화롭게 이어갈 - 영원한 -  우리의깃 발

황선기 회장의 역사 편

# 시

| 민영욱 | 지은경 | 박영대 |
|---|---|---|
| | | [초대시] |
| 강은혜 | 김도연 | 김승범 |
| 김애란 | 김정희 | 김　평 |
| 김현철 | 박숙자 | 박안혜 |
| 박종규 | 배건해 | 배정규 |
| 배종숙 | 보리나 | 서비아 |
| 석정희 | 손영란 | 심우종 |
| 안중태 | 오경심 | 유가성 |
| 이경렬 | 이범동 | 임동학 |
| 장윤숙 | 정근옥 | 정세현 |
| 정해정 | 하옥이 | 홍순옥 |
| 황선기 | 황옥례 | |

성균관대학교대학원졸업, 경기대학교국어국문학과 박사과정. 숙명여대, 경희대 출강, 한국문인협회회원.

## 민영욱

### 태극기 사랑
― 태극기 사랑 50주년에 부쳐

태극기여!
태극기여!
한 맺힌 역사의 태극기여!

천 팔백 팔십 이년 오월
고종황제, 김홍집에게 명하여
역관 이응준에 의해 만들어지고
미운 수신사 박영효가 새로 태극사괘를 넣어
조선의 정식 국기로 태어난 태극기여!

그 시절
힘센 열강들은 이곳저곳에서
사자처럼 으르렁거렸고
일제의 침략과 핍박으로
삼천리강산에 통곡소리 높았지

그때 너는
민들레처럼 들불처럼 일어나
기미년 삼월 일일 탑골공원에서,
유관순과 이천만 동포의 손과 손에서
백의민족의 서러움같이 붉게 펄럭였지

아!
빛나는 이름이여
언제나 가슴 뭉클한 얼굴이여
건곤감리 맑은 평화 음과 양의 조화여
우리의 영원한 진홍빛 사랑이여

늘 푸른 조국의 하늘에서
소리 없는 애국의 웅변으로 세세만년
오천만의 가슴 속에 아름답게 빛나거라
단 하나의 자랑스러운 태극별,
그 이름도 숭고한 대한민국의 태극기여!

시인·문학평론가·문학박사, 국제펜문학·한국여성문학인회·한국비평가협회이사, 한국문협 25·26대이사, 현대시인협회 24·25대 부이사장, 세종시예총자문위원, 세계평화문화상 대상 외, 시집 『오랜 침묵』 등 13권, 평론집·칼럼집 등 저서 30여권

## 태극기가 펄럭입니다

### 지은경

반만년 역사에 936번의 외침을 당한 나라

을미년에 국모를 왜놈에게 시해당한 나라

그 후 50년간 일본의 식민지가 된 나라

광복 후, 좌우대립으로 분열된 나라

동족끼리 3년간 한국전쟁을 치룬 나라

수백만 명 살상하며 남북으로 갈라선 나라

지금은 세계경제 11위 선진국이 된 나라

그리고 매일매일 태극기를 펄럭이며

자유대한민국 통일을 노래 부르는 나라

통일만 되면 세계 최강이 될 나라입니다

한국문인협회회원, 국제펜한국본부조직운영위원장, 한국현대시인협회 사무총장, 한국신문예문학회 자문위원, 아태문협 지도위원, 블로그<아리산방>운영.

## 박영대

### 무궁화 핀다

그저 그런
봄꽃 핀다
여름 꽃도 핀다
가을에는 국화도 핀다
때 되면 그냥 피는 꽃

아무개는
피어야 할 때 앞장서서 피고
필 자리 찾아 어김없이 피고
누구나 못할 언덕 끝에 기어이 피고
어려울 때면 끝까지 더 피는

그러고도
뽐내지 않고
그래서
다들 부러워하는
그 꽃.

천지시낭송협회회장. 한국신문예문학회 자문위원, 양천문인협회감사. 양천
문화예술단자문위원. 아태문인협회 예술분과 위원.

## 강은혜

### 태극기여 영원하라

아, 자랑스러운 백의민족이여,
저 웅장한 일출의 동방의 나라

그 심장 역사의 칼바람에도 무상하고
고뇌의 목숨 앞에서도 서슬 푸른 역사
혼돈과 격랑의 세월, 때로는 굴욕의 통분으로
당신을 품에 안고 꺼이꺼이 속울음 할 때
비록 붉은 태양은 흑암의 구름에 가려
가슴 저리게도 그 빛 볼 수가 없었습니다.

깊은 절망의 늪, 해방을 갈망하는 뜨거운 침묵의 시위에도
사지가 찢기는 나막신에 밟히던 치욕
결단코 다시는 없어야 하리라

그토록 사랑했던 임은 가고
망각한 자의 외면으로 고독한 산인 줄 알았는데
아, 88올림픽과 월드컵이여 눈물겨워라
오대양 육대주 감동의 파도치는 태극기의 물결, 물결

고구려의 그 혼불 타올라라. 대지의 끝까지
세계인의 심장 울려주는 대한의 기백은
진정 하나님이 보호하사 우리나라 만만세다

불멸의 민족혼이 일체가 될 수 있다면
얼씨구, 저 북방의 금수강산에도 태극기 높이 휘날리리라

홍청紅靑의 태극의 조화 속에 하나이듯이
남과 북, 너와 나는 불이不二가 아닌 하나다
조국의 영원한 표징, 높은 기상의 깃발
불사의 민족과 함께
영원불멸의 태극기여

칭찬시인・수필가 등단. 칭찬대학교 총괄본부장
칭찬신문 부사장 & 기자, 칭찬대학교 교수

# 김도연

유자 외 2편

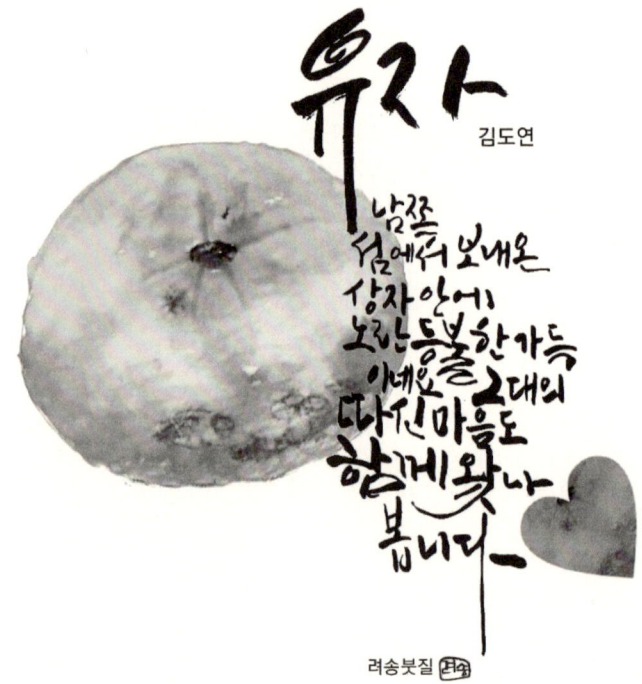

kimyoungsub2

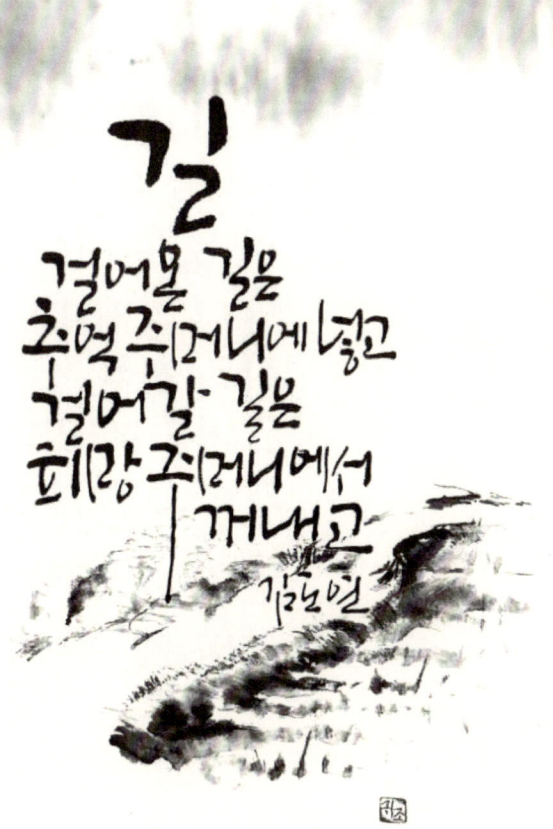

# 길

걸어온 길은
추억 주머니에 넣고
걸어갈 길은
희망 주머니에서
꺼내고

김노엘

동행

별빛을 따라가면
아름다운 수선화 정원
달빛을 따라가면
어둠 속에서도
빛나는 바다
사랑하는
그대를 따라가면
같은 곳을 바라보는
발자국 두개

칭찬시인 김도연 詩
디딤돌 안태환 쓰다

<해동문학>으로 등단, 국제펜·한국문협·제주문협·한국경찰문협·혜향문협·국보문협·한국문예·조엽문학회·한림문학화·재능시낭송회 회원, 시집 『바람난 고양이』 외. 산문집 『무수천 바람소리』 외.

# 김승범

## 영원하라 무궁화여

태양의 눈빛으로 소망한다
유구한 세월 속 면면히 흘러온
홍익정신 이화세계 문을 열자

한 땀 한 땀 공덕을 쌓는 삶으로
등 진 욕심 털어내어 허물 벗고
가슴 한 켠 고운 마음 불러내어

경로효친, 상경하애, 덕으로 실천하니
하늘이 축복으로 풍년가가 절로나네
장하다 대한이여! 영원하라 무궁화여!

## 비양도

힘겨운 자맥질
숨비소리 장단에
비양도가 푸르다
톡 톡 튀는 스타카토
문향을 넣어서
멋진 대위를 만든다
마주보는 섬과 섬
물이랑 잣는 외로움
그리움은 어디서 오나
만년 후의 윤회를 위하여
순수의 넋으로 손짓하며
존재가치를 부여한다
플루토의 악마처럼
부정적인 평가자는 가라
비양도 구름을 보면
삶은 바람임을 알게 되리니.

## 시를 줍는다

청아한 새벽
이곳에다 몸을 푼다
젖은 풀잎 그 차가움에
반짝 눈을 뜨며
폐부 깊숙이 공기를 들여 마신다
매일 아침 새로 태어나
창문 열고 광활한 우주에서
전해오는 신의 소리를 듣는다
새로운 전음을 듣고
새로운 공기를 들이마시고
새로 피어나는 초록을 보며
너의 형상을 읽어낸다
하늘에다 길을 내며 걸어간 단풍
너의 허물을 보며
전장에서 들려오는 수많은 병사의
아우성을 듣는다
수 백 수 천 년을 태어나
일어서고 스러지기를 반복하는 바람이여
용사의 혼이여
내 안에 내 어머니 안에
잉태했던 모든 사물들
들리지 않는 음성으로
고백하고 낯붉히는 너를
이 아침 선의 경지를 에 들어
삼라만상을 품어 안는다
네가 풀어놓은 초이성적인 세계가
한 마리 새가되어 여유롭게 날고 있다

월간 제17회《시see》추천시인상 시인, 수필가, 한국신문예문학회 윤리위원, 아태문인협회 지도위원. '여행문화' 취재작가, 편집위원. 황진이문학상 최우수상 수상.
시집 『하늘빛 닮은 원석으로』 외 다수. 전자시집 『새들처럼 노래하다』

# 김애란

## 노랑 무궁화 외 2편

바다바람 토양에 곁을 준 넌
정착하고 싶은 씨앗의 운명
선사 때부터
뿌리 내린 노랑 무궁화
항일 운동의 성지답게
특이한 색감의
멸종 위기 종인 노랑 무궁화
비가 오고 눈이 와도
365일 태극기가 휘날리는 소안도
조국 해방을 꿈꾸던
순국선열들의 혼령이 피어나
나라 사랑의 꽃향기로
전국방방 곳곳에
무궁화 식수를 하는 날
무궁화가 만발한 월암리 해변가를
자유롭게 걷고 싶다

가보고 싶은 섬
겨레의 숭고한 의지가 서린
노랑 무궁화섬 소안도小安道

## 천연비누


손을 씻자
코로나19에
보이는 손 깨끗이

마음을 씻자
사회적 거리두기에
견제와 두려움을 씻자

매끄러운 글리세린과
허브향으로 심신도 편안하다
마지막 공기방울은 알코올에 맥을 못춘다

왠지 무공해 산소라도
내뿜을 듯 보이는
천연이라는 말

싱그러움은 천연적으로 얻어지는가

## 버들강아지

강아지 꼬리
살랑대는 봄이 걸어오고 있어요

갯버들 피는 냇가에는
봄이 꽃눈처럼 오고 있어요

버들강아지 핀 길을
봄바람으로 샤워하겠어요

뜨거운 한 방울의 눈물로
생명의 위로를 위해 봄이 오고 있어요

예림서가원 인성개발체험학습원 원장. 강북노인복지관인문학강사. 시집 『내마음 심은나무』, 시가집 『백아의노래』

# 김정희

## 너를 위해 외 2편

너는 잠깐 날 위해 꽃을 사지만
나는 너를 위해 꽃씨 뿌려
화단을 만든다.

너는 잠깐 날 위해 촛불 켜지만
나는 너를 위해 촛농되어
밤을 밝힌다.

너는 잠깐 날 위해 윙크하지만
나는 너를 위해 두 눈 감고
기도드린다.

그래도 내 곁에 네가 있어서
행복하단 걸 감사하단 걸
너는 너는 아니?

## 술 한 잔 합시다

술 한 잔 합시다. 왠지 오늘은
그대와 한잔하고 싶어집니다.
할 말이 많은 것 같은데
정작 할 말은 없습니다.

가슴에 사무친 연정戀情
하늘이 알고 땅이 알고
그대가 알고 내가 알고
그러면 됐지
술기운에 찾아오는 진심
부딪히는 술잔을 농담弄談으로 만들지 맙시다.

자! 한잔 받으시지요.
목울대 넘어가는 알싸한 술 향기에 취해봅시다.
안주는 탐·진·치貪 볶음탕입니다.
날이 개이면 설사를 좀 할 겁니다.
색즉시공色卽是空, 공즉시색空卽是色
솔직해야 할 우리의 영혼을 위해 건배합시다.

## 우리는 안다

대한사람 대한으로 목청껏 노래하던 그날
아리수가 용솟음쳐 흑룡강을 감싸안고
독도갈매기도 동해를 박차 올라 연해주를 날았다.

선혈로 되찾은 내 나라, 내 조국
萬萬世世 무궁화 만발할 내 땅을 위해
뭉치고, 지키고, 발전시켜 빛내야 한다.

기척도 없이 스며드는 이념과 사상
호시탐탐 노리는 국익 침탈 오랑캐 야심
어림없다. 어림없다, 우리는 안다.

빼앗기지도 내어 주지도 않을 거다.
우리는 목숨 걸고 지켜낼 거다.
天命을 받들어 다짐하고 다짐한다.

번창하자, 약진하자, 무궁무진 꽃 피우자
태극기 휘날리는 선진 대한이여
자자손손 平和와 榮光 있으라!

시인, 칼럼니스트, 한국노벨재단 문학위원장, 문학사랑신문회장, 문학신문 대구지회장, <시가흐르는서울>월간문학상 선정위원장, 국제펜클럽영시번역작가, 시맥문학인협회 고문, 시집 「난초의 눈물」 외 다수.

# 김 평

## 태극 물결이여 영원하라 외 2편

영롱한 무지개 색깔처럼
어우러져 꿈을 펼치고

미래의 애국심으로
영원 세세토록 빛나리라

태극기의 꽃동산
장하고 아름다워라

무궁의 꽃향기
그윽한 삼천리금수강산 태극 물결

고을마다 마을마다
빛나는 태극기 선양회

영원 세세토록
세계만방에

태극 물결이여!
영원하라.

## 코로나 시대 불밝히는 등불

불의시대 말세 말법
오탁악세 어둔 밤
코로나 펜데믹 시대

금의 시대 도래하니
불의심법 끝내우고
물의심법 물의 하심
불밝히는 등불하나

그 등불 부여잡고
짙은 어둠 걷어내고
홍익인간 정도문명
조화질서 이룩이룩

대전환 역사 일궈
사람이 사람답게
자연이 자연답게
용화문명 일구어내
光明세상 이룩할세

## 비에 젖은 자귀나무

밤이 좋아
밤이면 밤마다
초승달 같은 잎사귀
달빛 아래
금실 좋은 부부로
괴는 환희!

연분홍 비단 실타래 풀어 뽐내며
바람잡고 부채춤만 추는 꽃잎, 꽃잎들!
한여름 밤 바람불어 소낙비 내리니
비맞은 새앙쥐 마냥
흐드러진 모양새 애처롭고 흉하다.

비바람 맞아 애처롭고 흉한 이내 마음도
새벽 동트고 태양이 떠오르면
햇빛 받아 그 환희가
제 자리로 되돌림 될 것임도

비에 젖은 자귀나무는
먼저 알고 너털웃음만 짖고 있다.
우~ 하하하

전남여수. 일본청산학원 수료. 대한문인협회 등단. 사)창작예술인연합회 정회원, 동양문학·문학신문사광주지회장. 한국가곡작사협회 정회원. 광주문인협회 이사. 마음이 부자인집 홍보대사. 일본 마사지협회 고문.

# 김현철

## 여수아리랑 외 2편

한려수도 천년의 바다 물결
오동도 동백이 얼굴에 비친다
장군도 푸른섬
파도에 먹물 갈아
세상 노래 짓는데
후광 한수 옮는다

아리랑 아리랑 아라리오
아리랑 고개로 날 넘겨주소
비가 오려나
천둥번개 치려나
구봉산엔 먹구름만 몰려든다

아리랑 아리랑 아라리오
아리랑 고개로 날 넘겨주오
여수 종고산 기슭에는
선학놀이 한참인데
당신의 별뉘 받은 날
하늘 걷힐 날 없네.

## 내 고향 여수

하늘과 맞닿은
남해의 숨구멍,
수평선 끝까지 눈부신 햇살 퍼져나가는 여수
내고향 여수

신비롭고 아름다운
해안선을 따라 신비롭고 아름답던
어릴 적 꿈과 추억이 다가와
찰랑 찰랑 속삭이는 곳

손 내밀면 기다렸다는 듯이
반겨주는 날들이여
나의 고향 여수 그리워라.

## 태극기 휘날리며

천둥에 번개 단칼
자르고
청명한 바람 가슴에
띄우고

분단의 아픈 씨앗
꽃들은
그리운 향기 뿌려
애닮다

찬란한 햇빛 밝혀
춤춘다
어느덧 푸른 하늘
무궁화

동방의 해는 높이
떴는데
찬란한 햇빛 밝혀
춤춘다

태극기 펄럭인다
힘차게
바람아 깃발 높이
들어라.

<문학세계> 시로 등단, 문학세계·광화문시인들정회원. 한국문협 동작지부사무국장, 대한민국지식포럼자문위원. 문학신문동작지부회장, 어깨동무 대상. 독일 하인리히하이네 상 수상. 주)원원메인터넌스 대표.

## 박숙자

### 인왕산 외 2편

국화 향기와 함께 숲을 이룬 진녹색잎
자연의 품은 따뜻하고 아름답다

생명력이 강한 소나무
언제나 푸르름을 뽐내며
굳건하게 온몸을 세운다

어디서 오는 바람일까
반갑지 않는 손님에
나무들과 풀잎들이 파르르 떨고 있다

산 아래 마을에선
수많은 인파 인산인해로
바다를 만들며 파도처럼 출렁이고 있다

굉음은 천지를 진동하며
인왕산 정상까지 울려 퍼지고
슬픈 역사의 줄기가
가면을 쓰고 중심에 서있다

억울함에 타협하지 않는
진실한 눈물 속에 인왕산도 울고 있다

# 대마도

뭉쳐 있던 푸른 멍
바위섬 부딪치고
하얀 거품 일렁이는 바다

묵언의 흐느낌으로
겹겹이 고단함이 솟은 대마도
많은 역사가 숨을 쉰다

원하지 않는 삶을 살았던 슬픈 여인
한을 토해나는 아픔
덕혜옹주 결혼 봉축비
가슴을 아리게 한다

춘향전을 읽고
감동을 받은 나카라이 토슈이
한편의 시였던 제자와의 사랑

하얗게 부서지는
삶의 여행길에 만난 흔적들
슬픈 역사는 이제 그만.…

# 풀

일어서야 하는데
자꾸만 더 눕는다
폭우와 장마에
견디지 못해 풀이 눕는다

바람이 불어와
꼿꼿이 몸을 세우려
비틀비틀 거리며 애쓴다

희망의 속삭임에 지친
귀중한 생명
파르르 떨린다

인간에게만 있는 게 아니라
버거운 삶
풀에게도 있을 줄이야.

춘천시청소년보호문화예술원원장, 구연동화스토리텔러, 밝은미소강원지회장, 춘천시새마을동부녀회장.

# 박안혜

## 아침의 나라 외 2편

사시사철
고운빛 색깔옷을
갈아입고

하늘나라
우러러 감사미소
변함없네

노오랗게
파랗게 새빨갛게
새하얗게

싱그러운
꽃향기 풀향기가
달콤하다

바람따라
새들의 노래소리
찬양소리

하늘님이
도우사 복된나라

대한민국

아름다운
대지여 사랑이여
영원하라

## 넝쿨장미

푸른 줄기 손을 뻗쳐
담장 너머 마실을 간다

옆집 분홍 접시꽃
손짓하는 빨강 입술

하염없이 바라보는
하얀 볼 쓰다듬고파

붉은 입술 앙다물고
월담을 하는 넝쿨장미

눈웃음 달콤한 향기로
유혹해보지만

수줍은 얼굴로 바라만
보는 접시꽃 당신

## 블로초 세상

거센 파도
풍랑의 세상
생존경쟁
인생길 찾아

동분서주
햇그늘에서
아쉬움에
미련 붙잡고

눈시울이
아 뜨거워라
죽음이란
새로운 시작

육의 몸을
벗고 영으로
환골탈퇴
영계의 세계

영원한 삶
잉태한 죽음
끝이 아닌
행복의 나라

영원한 삶
사랑의 나라
평생 찾던
불로초 세상

전 창의인재육성협회 회장, 전 국제학교 외 교장
대한민국지식포럼 고문, 대한문학작가회 부회장
시가흐르는서울 편집주간, 문학신문 수석논설위원, 104권의 저서출간

## 박종규

### 한강물 다시 흐르고 외 2편

어머니의 눈물은
늘 심장에서 흐르고
봄의 날도 이렇게 다가온다.

그래서일까?
3월이 오면
어머니의 눈물처럼 떠오르는 노래
삼일절의 노래

이제 우리의 차례가 왔다
다시 한 번 그 절규로
대한민국의 꿈을
쟁취해야 할 새봄이

그 꿈은 결코 시들지 않을 꽃으로 피어나
삼천리강산을 찬란히 수놓고
한 번 스치면 전설로 사라지는
하얀 겨울 갈대바람이 아니라
라일락꽃 향기 위에
개나리꿈을 쏘아 올릴
연둣빛 봄바람, 그 소식이다.

# 눈보라

색깔 있는 눈송이를
크레용 속으로 밀어 넣으며
나는 봄을 기다렸댔어요.

구슬보다 커다란 눈깔사탕에
내 어린 몸을 달디 달게 녹이며
하얀 눈에 빨갛게 심장 떨어뜨리며 필
진달래꽃을 기다렸댔어요.

풀밭에 걸쳐놓은 푸른 사다리에 기대어
낯선 땅 어느 먼 대처에 나가
글 쓰며 노래 부르며 그림 그리다가
잠드는 꿈을 꾸었댔어요.

그러나 내 어린 혓바닥에 박혀있는
겨울은 그다지도 완강했고
그 길고 긴 겨울의 눈보라 속에서
나는 쥐새끼처럼
허파까지 달달 떨면서
혼자, 나 혼자
두리번 두리번거렸댔어요.

## 봄 산을 오르며

조금씩 외로워지는 내 마음
버리고 오기 위하여
산으로 갔습니다.

산 넘어 고개 넘어
분홍빛 산울림
옷 입고 찾아온 진달래꽃 옆에
내 마음 잠재워두기 위하여
산으로 갔습니다.

산신령
지긋이 눈 치켜 올리고
손톱에도 발톱에도
푸른 물 들여가는
산으로 갔습니다.

때 아닌 봄눈처럼
외로움에 부대끼는
내 마음 버리고 오기 위해
산으로 갔습니다.

한국스카우트연맹 훈육지도자, 청소년유해환경감시단 사무총장, 글로벌인재양성문화협회장, 농어촌문화체험단연합회장, 한울문학작가회장, 심리상담사, 정덕그룹대표.

# 배건해

## 기미년 삼월 일일 정오 외 2편

기미년 삼월 일일 정오
대한독립 만세!
대한독립 만세!
대한독립 만세!

목멘 만세 소리에 애국열사와
민족의 넋이 하늘 높이 울려 퍼진다

1919년 3월 1일 정오의 만세 함성은
우리 민족이 일본의 식민통치에 항거하고
독립선언서를 발표하여 한국의 독립의사를
세계만방에 알린 함성이다

아, 위대한 유관순 열사여
나라 없는 백성을 어찌 백성이라 하겠는가
우리도 독립만세를 불러 나라를 찾읍시다
라고 외치고 외친 대한민국의 자랑스러운 딸이여

나라에 바칠 목숨이 오직 하나밖에 없는
것만이 이 소녀의 유일한 슬픔입니다.
라고 외친 대한민국의 위대한 열사여

삼일절을 기념하여 애국열사와
선열들의 애국정신을 길이길이 빛내자
위대한 대한민국 오천만 역사를
길이길이 빛내자

## 새해 일출

푸른 파도 일렁이는 동해
그 장엄함 속에서 아무도
살아보지 않은 미지의 새날을
밝히는 빛을 잉태한다

보라 동해에 떠오르는 태양
푸른 물결과 모래알들이
그 빛을 더욱 발휘할 때
우리는 소망한다

서로 위로하고 배려하며
건전한 정신문화가 뿌리내리는 사회
번뇌와 갈등의 우리이기보다는
화해와 평화의 우리가 되자

가족과 이웃, 그리고 자신에게
인생길 평지풍파平地風波를 만날 때
진심의 위로를 했었던가 아쉬움과
성찰省察의 시간도 되어본다

동해의 붉은빛이 온 누리를 밝힌다
그 빛과 함께 생동감 넘치는 미지의
새날들을 맞이하며 모두에게 소원성취所願成就되는
새해이기를 기원해 본다.

## 나의 친구야

노트에 너의 이름을 쓴다
나의 친구야
세월은 흘러도 추억은 쌓이는 것

긴 기다림 뒤에 올
봄의 속삭임 소리도
머지않은 시간 들려오겠지

사랑의 기쁨이 머물던 푸른 심장들
돌아갈 수 없는 그때 그 시절
만지고 싶은 청아한 울림소리들

슬픔도 아픔도 우리에게 소중한 삶의 음표들
언제나 고운 소리만 내면
슬픔이 없어 기쁨도 망각하게 된다지

음양의 조화로움 속에 성숙해 가고
성숙한 만큼 하늘길 가까워지는 것 또한
인생의 순리가 아니겠는가

넘어지는 일이 있어도
울고 싶은 일이 일어나도
너의 활짝 핀 웃음을 보자 나의 친구야

늘 긍정적 삶의 너의 모습 그려본다

추워진 만큼 가까이 와 있을
봄의 길목에서

서울미래예술협회 대표. 윤동주문학상, 월파문학상, 한국미소문학상 수상. 공주시문화상 수상. 안민석국회문화체육관광위원장상 수상. 한국신문예문학회 부회장. 아태문인협회 자문위원. 서울전국체전100회문화예술분과 위원. 서울전국체전제100회홍보대사

## 배정규

### 꿈 외 2편

아내와 산책중 구구국,
가까운 듯 먼 듯 거리가 가늠되지 않는 곳에서
들리는 새 소리
여보! 저 새 이름이 뭘까?
그야! 외롬새겠지
외롬새가 뭐야?
외로우니까 저리도 슬피 우는 게 아닐까
그렇기도 하겠네
여보! 우리는 서로 외로워 구구거리지 않도록
한 날 한 시에 하늘나라 가기로 하자
그게 그렇게 맘대로 되나 뭐
우리 동시에 하늘나라로 올려달라고 기도하자
기도가 간절하면 아마 들어주실 거야.

# 눈

눈이 소리 없이 내린다고 하지마라
뜨거운 함성이며
차라리 통곡이라 하라
그들은 저마다의 분명한 메시지로 외치는 것이다
다만 우리가 그들의 몸짓을 헤아리지 못할 뿐

눈이 발에 밟히는 소리
얼었던 심장이 깨지는 소리
대지가 눈을 품은 것이 아니라
눈이 대지를 품은 것이다
품고 수치스러운 것들을 가리는 것이다.

## 건널 수 없는 강

사랑 받을 수 있는 것보다
사랑 할 수 없다는 것이 더 커다란 아픔입니다.
줄 수 없다는 것이 얼마나 고통스러운 것인지 모를 겁니다.

받는 것 보다 주는 기쁨이 더 귀하고 아름답기 때문입니다.
내가 줄 수 있는 것을 줄 수 없을 때의
외롭고 허전함을 아십니까

줄 수 있는 것은 사랑이지만
품어야 하는 것은 그리움이고
산 하나쯤 가슴에 묻기에 견디기 어려운 겁니다

보내는 사랑과 걷우는 사랑 사이엔
건널 수 없는 강만큼이나 커가란 간극이 있으므로
고향 잃은 슬픔보다 더 큰 것입니다.

시인·수필가동시작가, 문학신문사중앙부회장, 황금찬문학상, 동양문학신춘문예 시부분 대상, 저서 『그리움』

## 배종숙

### 열정

그윽한 국화 향기 따라
설렘으로 다가와
어느새 가까이 와 있다

풀밭에는
완숙된 갈빛
꽃의 추억으로 새겨진다

가지마다
무지개 빛깔 내걸고
내면을 다 보여주지 못한 사연
감미로운 언어로 쏟아낸다

새콤달콤하게
석류알 같이 빨갛게 한데 뭉쳐
통증이 아물고 있다

주렁주렁 열매 익어갈 때
말없이 흐르는 구름
욕심 부리지 않는다

연민의 햇살로

아스라이 마음 실은 채
노을꽃으로 피어난다.

# 운무

적막의 아침이 흑백으로 나뉘고
잠 덜 깬 고요는
바다 위 구름 속에 걸려 있다

하얀 이불에 모습 감추고
산자락 흩어져 섬 되어 머문다

햇살은 바다 문 두드려 깨우고
구름길 만들어 안내한다

범종 소리에
구름 휘젓는 새들의 나랫짓이
십일월의 산야를 빨갛게 물들인다

안개는 만첩 병풍 되어
볕살은 단풍의 빛깔 덧입히고

티끌 쌓인 마음 씻어 내고자
출렁이는 가을 뜨락에
휘파람 불며 시 한 수 읊는다

오늘 따라
옷깃 스치는 바람
여심의 가슴을 마구 두들긴다.

## 나의 봄

동그라미 그리며
안개처럼 숨어 날갯짓하는
추억 한 마리

꽃술에 비비고 꼬이며
황홀에 취하여 방황한다

꿀벌이 찾아들고
새들의 팔랑귀도
쌕쌕거리며 오고 간다

향은 점점 짙어
운무 덮고 누워
번갈아 가는 발길에
푸릇푸릇 번지는 향기
자꾸만 방망이질 해댄다
웅크린 몸속에서 놀이하듯.

시인·작사가가수·작곡가, 한국음악저작권협회회원, 한국가요작사가협회 작사가, 작곡가.
문학사랑신문총괄위원장. 국민평화상, 한반도평화대상 수상.

# 보리나

## 광복절 외 2편

광—광활한 만주벌판 질주하며
눈물 닦던 선열들의 노고와 힘이 있었기에

복—복 많은 한민족을 괴롭혔던 일제강점기 시대에도
꿋꿋이 대한독립 만세를 부르짖었던

절—절절한 아픈 세월 뒤로하고 불굴의 힘으로
대한민국을 이룩한 우리는 자랑스러운 배달의 민족이다.

# 태극기

대한민국 자랑스러운 태극기 정부관청이며
교내 행사 때마다.
생사고락을 함께한다.

대한민국의 이름표
태극기를,
높은 기상으로
깍듯이 세우며 나라를 안녕으로 기원하는
한민족 역사이기에

대한민국은 한마음 한뜻으로 배달의
우리 민족을 지켜내, 평화의 부를 이룩한 한민족 위상 태극기!
힘 받은 영광의 나라!

## 바람결에


차가운 바람 속
당신은 어디쯤에서
하늘을 보며 신기루와 함께 보내는지요!

흔들리는 나뭇잎의
추억, 나누어 주며
기쁨을 만드는
나뭇가지 틈에서
행복을 청하는지?

떠나는 바람 따라
눈시울 머금고
추억으로 가는 바람
긴 밤을 서성이면

영혼 속 손끝에 잡힌 찻잔처럼
가을 편지를 쓰는 밤

사랑은 영혼의 바람 되어 나뭇잎 흔들며 심장을 멈추게,

혼미한 기다림 속
이란 걸, 바람결에 사랑 실어 당신께 보냅니다.

목사시인·수필가·아동문학가, ICC대학문학박사, 한국문협회원·문학기념물조성위원, 한국아동문학사무차장·연구회원, 세계문학회 총무, 짚신문학회사무차장, 용인시문학낭송협회 부회장. 시집 『시도 사람을 그리워한다』

## 서비아

### 가을 햇살 외 2편

가을이 노닌다
생명체들이
가을빛 향기에
몸을 섞어 가을 노래를
귀뚜라미가 시를 읊을 때

빛을 따라 숨을 쉬며
영육이 살찌운다
탐스런 보석들 북적이며
해맑게 웃는 코스모스 들국화

여름 내내 비지땀이
주렁주렁 영글어내는 길이였나.

## 물빛 그리움 하나

가슴 언저리 사랑
씨앗 하나가
꽃씨가 되었습니다

빗물이 흐르듯
가슴속에
모두 스며들지
못한 사랑이
흘러 보내지 못하고

사랑하는 마음
묻어둔 채
책갈피에 덮어둔 채

물빛 그리움은
날개를 모은 채
뜨거운 가슴
사랑의 빗물이 되어

오늘도 그리움 하나가
무지개로 피었습니다.

## 태극기 太極旗

지키겠다 세우겠다
대한민국 태극기
저 우거진 관청
교내에서도
절기식 행사 때마다

나라와 경축 행사 때
생사고락을 국민과
함께해온 이름표

그 앞에선 단정히
깎듯이 세운 이름표
나라의 평안을 기원하며
애틋한 국민성을 묶는다

나의 조국
나의 대한민국
한 마음 한 뜻으로
지극히 작은 것부터
잘 지켜내야
평화를 부를 자격이 있다

내가 태어나고
내가 자라온 내 나라
행복한 내 나라를 위해

우리 모두 함께 합심하여

손에 손 잡고
평화와 화합을 이뤄내자
우리의 이름표
온 세상에 휘날리자

위대한 내 나라
나의 대한민국 애국심
영원한 기틀 위에
튼튼히 세워놓고 휘날리자
우리나라 태극기를…

Skokie Creative Writer Association 영시 등단, <창조문학> 시 등단, 한국문협·국제펜 회원, 재미시협 부회장·편집국장·미주문협편집국장 역임, 계간'한국신춘문예'심사위원, 유관순문학대상, 시집 「나 그리고 너」 외

## 석정희

### 태극기 외 2편

쫓겨 살며 잊고 있던 당신
앞에 서면 숙연해집니다
나의 말씀이고
우리의 숨결인 당신
모두의 몸부림으로 버티어
방벽이 되어 감싸고
모진 바람에는 한몸되어 막아서
기쁜날에는 흐린 하늘마저
물결로 쓸어 맑히는
금빛 깃봉에
아리랑 가락 맞춰
물결치게 하자
드넓은 광장에도
치솟은 옥탑에도
들짐승 자유로운 벽지까지도
우리 선수들 기량 펼치는
경기장에도 오래 오래
영원토록 나부끼게 하자

## 만주벌 지나 내달리게


이제는 잊자고 말해야 하나
눈 감아도 잊지 못할 그때를
해방의 기쁨과 정권수립의 어수선함을
틈탄 그것도 일요일 새벽이던
1950년 6월 25일
한 나라를 남북으로 갈라놓은
강대국들의 책략의 앞잡이 된
북쪽에서 잘렸던 허리 38선을 넘어
나라를 사랑한다는 구실
총포 앞세워 집은 불타고
논밭은 황폐화 되어
가족들 뿔뿔이 흩어져야 했던
아픔과 슬픔 세월에 묻어야 하나
다시 하나 되자 되잡은 손
그 뒤엔 숨은 그림자 없나
아무리 평화를 기린다 해도
우린 오늘 그 아픔의 상처
이산의 슬픔을 어쩌지 못하는 것을
그 아픔 설움 미움까지
콘크리트 바닥에 묻어 길을 내자
만주벌 지나 시베리아 눈밭도 거쳐
저 먼 땅 유럽에 이르기까지 내달려
한민족이었음이 크다고 알리게
모든 것 잊고 내달리자

## 줄을 끊어야 하는 되는 것
− 통일을 향한 바람으로

우리에겐 참으로 아이러니한
줄이 하나 있다
이 줄 하나가 갈라놓은
이산의 부모형제 만날 수 있게
이제 어미의 태에 이어진
탯줄을 끊는 마음으로
새생명이 새나라의 주인 되게
굴욕의 줄을 끊어 버리자
38선이던 비통의 한맺힌 줄
휴전선이 된 줄을 끊어 하나가 되자
약하고 작은 나라 설움
다시는 없게 하나 되어
힘으로 뭉친 나라 되어
세계만방이 부러워하며
아니 두려워하게까지
통일을 이루어가자

사랑소망교회 담임목사. 한국문인협회 회원. 아태문인협회윤리위원. 신문예문학회지도위원, 시집 『올해에 선정된 시인』 선정

# 손영란

## 한해를 보내면서 외 2편

길이요 진리이신 살아계신 하나님 아버지
허물과 죄를 용서해 주시옵소서
주님의 은혜로 한해를 잘 보내고
새로운 해를 맞이할 시일이 며칠 남았습니다
온 나라가 온 세계가 우환폐렴으로 인해
많은 사람들이 죽어가고
백신 연구로 세계의 뉴스와 소식으로 가득 찬
올 한해가 훌쩍 가버린 시간입니다
살아계신 아버지 하나님
무소불능하시며 무소부제하신
하나님의 능력을 믿습니다
이 나라 이 민족이 자유대한민국
자유민주주의의 자유
경제 사회 문화 교육 이제 하소서

역사의 뒤안길로 가보면
자유위해 순교하고
피 흘린 열사들을 기억하시어
백성들의 마음이 하나 되게 하시어서
승리하는 나날이 되게 기도드립니다

## 2021년을 소망의 해로

알파요
오메가 되신 하나님아버지
무한한 은혜를 주시니 감사드립니다

주님이 살려 주셔서
2020년 4월과 8월까지
바뀌진 부동산 법에 헤매고
고통스러워 울부짖으며
삶의 의욕을 잃어갈 때
기도들어주시고 해결해주신 분이
하나님 아버지이십니다

어둠의 밤이지나 찬란한 햇빛이
온 세상을 비추듯이
새로운 새해는 소망이 이뤄질 것 믿고
성전건축과 우환폐렴 퇴치와
대면예배를 소망하며 우리나라
자유대한민국으로 인도해주시기를 소망하며
예수그리스도의 이름으로 기도드립니다.
아멘

## 친척오빠

오랜만에 친척 오빠집에 찾아갔다 이마에 주름이 많은 오빠를 만나보니 세월이 무상타 젊은 시절은 온데간데없이 늙어가는 모습이 애절타 동갑내기부부인데 76세 되면서 부인이 허리가 불편해서 손수 밥을 해서 먹는다고 한다 가는 세월에 이길 장사가 없어 내 마음이 몹시 서글펐다

- 2020년 12월 26일
고향에 친척집에 다녀와서 손영란 목사

시인·가수, 대한민국비젼2020 공동대표, 사)국제펜회원, 한국신춘문예 이사, 사)샘터문학홍보대사, 문학신문사수석부회장, 배호가요제수상, 대중가요발매 『당신을 위한 나의 사랑』 외 다수.

## 심우종

### 가을 이별

갈바람 스치며 지나가면
낙엽 하나 둘 소리 없이 부르르 떨며 떨어진다

가을은 곡예사 변술장이
계절에 쓸쓸한 입술을 깨물고
노란색 옷차림으로 가을 연정만 남긴 채 떠나간다

호숫가 갈대숲 풀벌레 슬프게 울어대고
국화향기 아름다운데
손 흔드는 가을 이별은
너와 나의 텅 빈 거리에 나그네인가

## 우리의 소원은 통일


민족의 한설인 숨소리가 가을 언저리에
붉은 심장되어 요동친다
선열들의 뜨거운 정기가 아리랑 아라리오
가락으로 삼천리 방방곡곡에 염원의 꽃을 피운다

온 자연의 섭리는 윤회하는데 분단의
칠십 년 세월 백두에서 한라까지 산천초목이
통곡의 눈물을 흘린다

저 산 저 강 넘어 물새 우는 고향이 지천인데
가고파도 갈 수 없는 그리운 고향 산천이여
오! 나의혈육 나의 친구여 그 어디에 계시나요
목메이게 부르고 또 불러봅니다

우리의 통일은 남녘에서 봄바람 불면
소원이 이루어질까요
북녘에 북풍한설 몰아칠 때 소원이 이루어질까요
우리의 소원은 통일 꿈인들 어찌 잊으리오

휴전선 평화의 대지위에 무궁화 꽃씨 하나
심어 민족의 염원인 통일의 꽃을 활짝 피우는
광명의 그날이 오기를 힘차게
힘차게 외쳐 봅니다

## 가을 심상

한 조각 갈 바람이 슬프게 눈시울 적시고
소리없는 낙엽들이 시름달래며 하염없이 흐느끼며 떨어지네
애달픈 임에 가락은 슬픈 사연을 남기고

그대의 무표정이 내 안에 추파되어 심상으로 영혼을 흔든다
가슴으로 함께 나눈 우리의 사랑 영원을
불사르며 달을 품으며 너 하나의 사랑이 되리라

임이 흔들리는 갈대라면 나는 바람을
막아주는 방풍이 되고
가을 들꽃에 입맞춤 아름답다 말하리
세상에서 제일은 사랑이기 때문이다

시인·수필가, 한국방송대국문학과졸업, 한국문협동작지부재무담당, 시가흐르는서울 부회장.

# 안중태

## 순국선열님께 드리는 추모 헌시

조국을 위해 몸 바친
사랑하는 님이시여
당신의 숭고한 희생에서
불꽃같은 사랑을 봅니다

유월 뜨거운 피로
물들인 조국강토 산야에
장미꽃 붉게 피어나
님의 넋을 기립니다

조국을 위해 몸 바친
붉은 사랑
가슴 속에 파고드는 유월
당신의 그림자 되어
숭고한 뜻을 이어 가렵니다

일제 식민지하에서
대한독립 만세 운동으로
찾은 조국 강토에
해방의 기쁨도 잠시였지요

강대국 놀음에
허리가 잘려나간 한 많은 조국

피비린내 나는 동족상잔의
아픔을 겪으며 지켜낸
자유대한민국 우리의 조국
순국선열 당신의 위대한
희생이 계셨기 때문이지요

사랑하는 님이시여
장미빛 붉은 사랑으로
당신을 한없이 사랑합니다

사랑하는 님이시여
대한민국 국민의 이름으로
당신을 위로합니다

조국을 위해 살다 가신
나의 님이시여

나 하나로부터
조국을 위해
평화의 씨앗이 되어
살아가게 하소서

시인, 2020년도 문학사랑신문신인작가상 수상.

# 오경심

## 귀갓길 외 2편

상행선은 빨간빛
하행선은 하얀빛

하루의 일과를
마치고
분주히
가족이 기다리는
행복이 샘솟는
집으로

## 상상

어릴 때 부모형제가
살았던 상상
시집와 사대가 함께
살았던 상상
며느리 사위 손자손녀
자라면 상상
꼭 필요한 사람이
되라는 상상
노년의 나를 상상

## 나라사랑


집안에 쓰는 물건도
제자리에 없으면 분쟁

양말짝도 제자리에
없으면 분쟁

코로나 이겨내는
것도 애국

건강함도 국력
튼튼한 것도
나라사랑 애국

시인·가수. 독도사랑가수.

## 유가성

### 호롱불

정열의 불 활활 타오른다
조국을 위하여 몸과 마음 바쳐
정열을 불태웠던 자랑스런 선열들

아까운 청춘시절 간 곳 없고
노송만이 무성하네
아~ 나의 조국

## 보고 싶어요

찬바람에 붉은 단풍 휘날리는 날
기러기 떼 님 그리워 울고
보고 싶은 그 사람 그리워 눈물짓는
이맘 그 누가 알리요

세월은 추억 밟고
시계 소리에 발맞춰가고 있네요
형제들 건강을 빕니다

새해는 아버님 제삿날
옛 이야기 보따리
꺼내어 봐요

시간은 명행 없이 가버리고
인생의 종착역은 하나인데
꽁꽁 묵한 매듭 풀어봅시다
칠남매 함께요

## 예쁜 옷

어찌 그리도 고운 옷을 입었는가
색동저고리 빨강 치마 그네를 타네

자태를 뽐내며 눈과 입을 즐겁게 하는 단풍
다퉈 겨울을 재촉하며 힘없이 바람에 뒹구는 낙엽

아름다움일까 처량함일까 허무함일까
무심한 발자국에 한줌이 되어 망향길로 떠나네

시인·수필가·소설가 성균관대학교 졸업. 한국신문예문학회 지도위원, 아태문협 윤리위원. 황희문학상 수상. 자서전 『그래도 기억나는 일들』 외

# 이경렬

## 코로나 인생 외 2편

하루가 멀다하고 만나도
얼마 안남은 세월

80줄에 들어서면서 모두가
걷기도 예전만 못하다

그나마 틈틈이 만나
허접소리로 세월 잊었는데

코로나로 모두가 발이 묶여
방콕신세 어느새 1년여

잘 있느냐는 전화통 잡는
안부가 일상이 되고 보니

누가 인생은 늙어가는 게 아니라
익어가는 거라고 했다지만

요즘은 익어가는 게 아니라
부쩍 시들어가는 것만 같다

# 행복

80평생을 살면서
지금이 제일 행복합니다

눈치도 간섭도 없고
의무도 권리도 멀리한 채
마음 내키는 대로
몸이 가자는 대로

하루를 그렇게 지내면서
적지 않은 불로소득까지

그래서 미래의 걱정 접어두고
지금이 제일 행복합니다

## 세월

나이는 지는 해 길목에서 서성이고
기억은 어느새 세월에 뒤덮여

받은 정 고운 정 어디로 가고
아프고 슬펐던 미움만 남아

미운 정 다듬고 감사하며 살려는데
시간은 어느새 달빛에 걸려있네

시인. 한국문인문협 회원.. 아태문인협회 시분과위원.
한국신문예문학회 지도위원. 시마을 동인. 공저 『마음에 평안을 주는 시』

# 이범동

## 새롭게 산다는 것은 외 2편

인생살이 황홀한 불꽃에 현혹되지 앉고
바르고 진실하게 살아야 행복하고

타인의 재물 탐하면
불행을 자초하는 삶이라
있는 듯 없는 듯 가진 것에 만족할 때
참다운 인생의 즐거움을 누릴 수 있다

상념의 생각을 잊고
지난날 그늘진 흔적도 지우고
자신의 내면을 잘 다스려야
작은 행복과 기쁨으로 가슴은 설렌다

바람결에 흔들리는 낙엽처럼
가끔씩, 유유히 흐르는 저 은빛 강물
바라만 봐도 마음이 편하게 느껴지고
갈대꽃이 아침 햇살에 물결치듯, 우리네 삶도
평화스럽게 나래를 펴고 설렘으로 사는 것이다,

## 세월은 야기惹起라 했지

오가는 인생길
수 없이 만나고 헤어지는 세상

우리는 어차피 엇갈려 달려 온
철새 같은 만남이라
결코, 하나될 수 없는 세상 속 무리들
피차간 화합지 못할 운명
한 번 스쳐 갈 인연길 아닌가

더불어 사는 세상
서로 미워하지도 말고
바람처럼 구름처럼 흘러가는
인생길에 미련없이 떠날 갈 중생들
잠시 쉬어가는 삶의 여정餘情 아닌가

어찌해, 시기하고 헐뜯으며
이전투구로 사회는 흘러가는 가
용서하고 감사하게 살면 되는 것을…

야속한 사람아
누구를 위한 투쟁이고 승리인가
서로 손에 손잡고 나라를 위해 화합하자.

## 세상은 돌고 도는 것

세상은 늘 그렇게 흘렀다

창밖 세상은
동쪽에 해 뜨고, 서쪽에 해 지는 것
어제 같은 오늘 없고
오늘 같은 내일은 오지 않는다

인생살이도
느리면서 조금씩 달라야 하고
빠르면서 조금씩 느리게 살아야 한다
이것이 우리가 잘사는 순리인 걸…

흐린 날엔 비가 내리고
강풍이 부는 날엔 눈이 내리니
숲길을 걷는 건지, 눈길을 걷는 건지
세상살이는 참 아리송한 날 많다

힘들고 괴로운 날 뒤에는 늘
해맑은 햇살처럼 웃는 날 있고,
행복을 느끼는 순간 또
운무처럼 슬픔에 젖어 드니, 세상사
속임수가 활개를 치니 사회가 요지경 속이다.

시인. 한국문협,회원, 신문예문학회회원, 아태문협,회원, 시마을 동인.

# 임동학

## 하늘 꽃 외 2편

미소입니다.
세상 어디에도 없는
하나 뿐인 웃음
당신은 하늘 꽃입니다.

향기입니다
숲과 들 어루만져
온통 가득 찬 냄새
당신은 하늘 꽃입니다.

색깔입니다
내 가슴에 그려진
언제나 그리운 빛
당신은 하늘 꽃입니다.

## 사랑해도 될까요?

스치듯 보아도
멀리서 생각해도
마음이 하나되는
당신의 숨소리
매일 매일 사랑해도 될까요?

발자국 소리
따뜻한 손
바라보는 눈빛
가슴과 가슴으로 느끼네
순간 순간 사랑해도 될까요?

얼굴은 천국
미소는 하늘
포근한 마음
행복은 구름 위에
찰나 찰나 사랑해도 될까요?

## 임께서 찾으시면

임께서 찾으시면
어두운 밤 길 잃은 나그네
등불 찾듯
성큼성큼 가오리다.

임께서 찾으시면
산 중턱 쌓인 눈
바람에 날리 듯
살금살금 가오리다.

임께서 찾으시면
깊은 산 계곡 떠 내리는
낙엽처럼
덩실덩실 가오리다.

임께서 찾으시면
목마른 나비 날개 펴
옹달샘 찾듯
사뿐사뿐 가오리다.

2018년 <좋은문학> 창작예술인협회 시인등단, 2019년문예세상(한국청소년 신문사) 시인문학상 수상, 2020년 문학사랑신문 운영부회장(단장) 임명.

## 장윤숙

### 비상 외 2편

님의 맑은 표정에서
평화의 자유함을 배웠습니다

따스한 가슴에서
기쁨으로 들어차 오르는 평화의 바다
그 바다에 목선 한 척 띄워놓고
언제 쯤 오실지 모르는 님을 기다립니다

오랜 날 마음에 가두어둔
삶의 물고리를 작은 도랑을 내듯
조금씩 열어 가노라면
머지않은 날에 강을 흘러 넓은 바다에 닿겠지요

바다에 닿으면 오랫동안 힘들었던
삶의 고뇌를 모두 털어버리고
기쁨과 평안으로 충만한 생의 아름다운 시간이 되도록
오늘에 감사하며 성실을 다하겠습니다

먼 곳에서 행복으로 오실
선한님을 기다립니다
축복으로 오시는 그 길 멀고 험할지라도
님의 자유함으로 그리 오소서

두 손 모은 간절함은 목마른 치유를 위한
아름다운 동행이 될 것입니다.

## 마스크

코로나 19
암울한 시대의 역병

세계 온 인류가
끊어진 발길

폭설을 만나
나침판도 잃을까 두렵다

사람마다 입을 꽁꽁
틀어막은 마스크 세상

무얼 그리도 잘못해
재앙을 받는 것일까

그리도 세상눈으론
마음 착하게 살아왔건만

하늘이시여!
하늘이시여!

이제 창조 질서 순응하며 살겠사오니
저 마스크 제발 속히
거두어 주소서

## 모란 우체국

이맘쯤이면 그리운 사람들
무얼하며 봄날을 맞이하여
즐거이 반기고 있을까

꽃잎마다 온정이 넘치고
바라보는 눈빛에 환한 웃음꽃이
물결처럼 평화로웠으면 좋겠다

우체국을 향해
바삐 걸어가는 사람
먼 그리움이 들었구나
양손에 물건을 들고 힘겹게 바삐
어디론가 걷는 사람들
얼굴 가득 햇살담은 감사가

시인·문학비평가문학박사, 한국현대시협부이사장,국제PEN·한국문협회원·한국비평가협회 이사, <시와함께>주간, 서울교원문학회장, 상계고등학교장(역임), 신문예문학상 대상, 교원학예술상(시부문) 수상 외, 시집 『자목련 피는 사월에는』 외 다수.

## 정근옥

### 회룡포에서 외 2편

얼마나 그리웠으랴,
여울물이 마을을 돌아
다시 마을로
휘돌아 흐르는 회룡포 물굽이

마을 앞 당산나무에 푸른빛 일어
산까치가 나무에 앉아 지저귈 때면
쑥부쟁이꽃 다시 피어난다고 했지

박꽃이 비스듬히 지붕 위에 누워
스무 살 초시댁 처자가
낙동강 전선에 서방님을 떠나보내고
눈이 무르도록 밤새워 울었다던
그 뼈아픈 이야기를
굵은 빗방울로 다독거린다

그 아픈 세월의 물결도
여울따라 흘러갔으련만…
그리움과 외로움 한데 얼어붙어
얼룩진 창가에
어른님의 별이 뜨고 달이 뜬다

## 옥피리

그대가 먼저 떠난
그 길목 위에
홀연히 서 있는 은행나무고목

노란 적삼 훌훌 벗어던지며
바람을 좇아
안개 속으로 사라지면

멍든 가슴에 갇혀있다
빈 구멍에서
튀어나온 고적함 하나

나라 위해 목숨 던진
슬프고 아린 기억
올올이 맺혀 있는 옥피리

살가운 달빛에 지그시 눈감고
길을 떠난 그대
운명동굴 속에서 바알밭 운다

## 매화 유향遺香

봄바람이 엊저녁에
사립문을 지긋이 열어놓더니
은빛 이슬 목을 축이며
합창하듯 꽃잎을 연다
달빛 푸른 밤에
흰옷을 입고
작은 연등을 켠 채
독하게 마음먹고 싹틔운
천년 사랑의 향을
안개 속으로 뿜어댄다
서에서 불어오는 바람타고
흰 꽃잎을 날리며
사르르 울리는
나지막한 풍금소리 따라
눈물도 없이 해탈길을 걷는다

2018년 〈좋은문학〉 창작예술인협회 시 등단, 2019년 문예세상(한국청소년 신문사) 시 인문학상 수상, 2020년 문학사랑신문 운영부회장(단장) 임명

## 정세현

### 금수강산

백두에서 한라까지
해 뜨는 동해에서
노을지는 서해까지
아름다운 금수강산

동글동글 봉긋봉긋
아기자기 동산마다
꽃피고 새 울고

실개천 돌돌 구비구비
산천 따라 적셔주는

백의민족 착한 백성
나누며 안아주며 살아온
터전이라네

태극기 방방곡곡 물결 이루어
지키고 가꾸어온

하늘이 품어준
배달민족 우리겨레

## 가을비

문필봉에 먹구름
바삐 흐르고
산비탈 억새는
갈바람에 시달리는데

알곡 내느라 애쓴
볏단 편히 쉬라고
가을비가 촉촉촉
두드려 준다

가는 세월 잡을 수 없고
오는 계절 덧없네

어느 봄날 태어난 산새는
비 오는 하늘을 유유 자작
날아다니는데

일렁이는 마음 추슬러
하룻길을 또 나서본다
비 오는 세상으로
발걸음 한다.

## 큰 선물


님을 만난 건
내겐 행운이었소

먼 길 걸어오며
벗되주어 외롭지
않았소

고단한 밤길엔
손 잡아주어
길을 잃지 않았소

때론 투정도 받아주고
아플 때는 어루만져 주었소

님은 하늘이 보내준
큰 선물이었소

이젠 지친 님의
손을 잡고 아직 남은
저 길을 도란도란
나누며 발걸음 할 것이요

정겹고 기쁘게
보람이와 함께…

사)태극기선양운동회문화이사. 문학사랑신문발행인, 대한민국지식포럼부회장. 도서출판 북사랑 대표, 13대환경부장관상. 저서 『날마다 좋은 날』 외 공저 다수.

# 정해정

## 날마다 좋은 날 외 2편

커피를 마시더라도
그 마음을 마시고 싶다

진실은 커피 향기에 빠지고
너로 인해 투명한 내 속 마음 털어내고 싶다

운치 좋은 장소라면 더 좋겠고

너로 인해
달궈지는 커피 잔

이 잔속의
커피 다 마시고 싶다

잔속에
떠오른 그대 모습

그대와 함께라면
날마다 좋은 날

## 역사적 감각을 깨우며

일제침략기
모친 칼바람 속에

우물가에서
깊은 물을 퍼 올린다

차디찬 감옥에서
대한독립 만세를 외치며

조선을 위해
목숨을 마감한 순국선열들의 얼을

그 정신을 기리며
역사적
감각을 깨운다

눈시린 분노에
보라빛 열정을 태워

일제 침략기
조선땅을 빼앗긴 설움에

온 국민은
구역질나는
입덧을 하고

이제 하얀 목련꽃처럼
웃을 수만 없다

우리 모두 똘똘 뭉쳐
대한독립 만세 외치며

우리 조국을
굳건히 지켜 나가리.

## 담쟁이


얼키고
설킨 넝쿨

하나가
쉼 없이 벽을 탄다

뜰 안
속삭이는 별빛

똘똘 뭉친
필연의 질긴 끈

나뭇잎 붉게
물들고 있을 때도

여지없이 담쟁이넝쿨은 벽을 오른다.

한국가곡작사가협회 고문, 인사동시인들, 아태문협 사무총장. 전)청파초등학교, 남부교육청, 사건25시 신문사 현)월간《신문예》주간, 도서출판《책나라》대표. KBS FM 위촉작품 : 「별이 내리는 강언덕」외, 시집 『숨겨진 밤』 외 다수.

## 하옥이

### 강물이 하나이듯 외 1편

화석정에 올라 임진강을 내려다본다
강물도 분단의 아픔을 아는지
어깨 들썩이며 흐르고
분계선은 철저히 계절을 망각한 채
등 돌리고 있지만
지금은 녹슨 철조망을 거두고
통일의 꿈을 이뤄야 할 때

아직도 아물지 않은
이념의 갈등은 민족의 모순
아픔과 슬픔 골 깊어도
우리는 한 핏줄 이어받은 자손들

검문당하지 않고
저지당하지 않는
남북으로 자유 왕래하는 철새들에게
오늘 민족의 이름으로 묻는다
통일의 그 날이 언제인지….

# 인연

한 사람이 한 사람을 만나고
한 사람이 한 시대를 사랑한다면
그 인연과 역사는 천년 전에 이루어진 것일까
역사를 반전이라고 한다면
인연의 역사는 순리일까
참으로 소중한 한 순간들이 모여
세월의 강을 이루고
다시 역사가 이어진다면
우리가 만나서 하는 일들은
너무나 소중한 시간이 아니겠는가
어디 시간뿐인가
인연의 역사는 다시 시작되고
다시 오는 천년을 이을 것이니
어찌 소홀히 이 순간들을 보낼 수 있겠는가
저녁하늘은 더 높아지고
우리의 하늘은 더 넓게 열려
후천의 세계에 이어지는 사랑의 역사
시작은 시작만의 시작이 아니라
역사의 본질일 수도 있다
하늘이 언제까지나 하늘일 수밖에 없는 것같이
같이 있는 곳 같이 인 것에서부터
같은 바람이 같은 방향으로 가는 것을 본다
그것이 찬란한 빛을 받으며
아름다운 세상을 여는 것을 본다.

시인·수필가, 동아대학교 졸업. 김해문협·부산문협·부산가톨릭문협·해파랑동요문학회·꽃등 문협 회원. 삶의뜨락에핀그대 동인, 글벗문학회·문학신문사 자문운영위원, 문학사랑신문 부회장. 시문학연구협회 김해지회장. 황금펜문학상 외 다수, 시집 「고요한 침묵」

## 홍순옥

### 겨레의 숨결 외 2편

초록 눈빛으로
자연의 합창을 본다

보리가 익어 고개들 때
가난을 이기려고 몸부림쳤던
그 보릿고개의 배고픔

고생하신 할아버지 세대에게
고마워하는
새싹들이 가득하길 빈다

## 구슬봉이꽃

조심스레 헤치고 나타난 미소
환한 유혹
빛의 방향에 따라
영혼의 한 조각이 달라지는 신비

가장 아름다운 하늘과
그림자와의 만남이
빚어낸 남빛 사랑
눈에 잘 띄지 않는 숨바꼭질

마음의 눈으로 보아야
첩첩산중 만남의 조화
노래와 춤의 절정
서로의 행복을 위하여
하나되는 순간

## 가을 노래

누구를 위한 핏빛 사연인가
빨갛게 타들어 간 가슴속
더 이상 감출 수 없어 드러낸 사랑이여

노오란 국화 곁에 대숲 뻗은 길 사이
조롱박 호박 오이 수세미 털머위꽃
좋아라 대한민국 기행은 꽃 같은 운율이여

하늘을 통과하는 바람의 손놀림에
햇살이 나뭇가지 알록달록 흔드니
오호라 마음속 깊이 노력하는 무지개

시인·가수가요·작사가사진작가, 태극기선양운동가 대표, 태극기선양문학회 회장. 한국신문예문학회 자문위원. 아태문인협회 지도위원, 나라사랑문인협회이사. 저서 『태극기의 모든 것』

## 황선기

### 태극기 외 2편

이 땅 위의 푸른 들판은
백의민족 태극기
힘과 용기를 심어주는
우리나라 살린 민족의 깃발
아무리 어려워도 서로 의지하며
한마음 되게 하는 태극기의 힘

우리 선조님 얼이 새긴
자랑스런 태극기
하늘과 땅 삼천리강산에서
대한독립만세 대한독립만세
우리나라 태극기 자랑스럽다

온 세상 아름답게 꽃피우는
영원한 민족의 깃발 펄럭이며
백두산 한라산 다함께 만만세
한민족 평화로 이끌어갈
우리의 태극기 만만세

## 태극기를 휘날리자

온 세계만방에서
힘차게 휘날리는 저 태극기는
대한민국을 대표하는 상징

때로는 힘들어 좌절할 때도
태극기 바라보며
꿈과 희망을 키워왔지

휘날리자 휘날려라
세계만방의 창공
전국의 마을 집집마다
태극기를 게양하자

선열들의 애국정신
가슴에 뿌리내려
땀과 피눈물로 얼룩진 태극기
화합과 창조의 번영 나라발전 이룩하리

## 자랑스러운 태극기

태극기가 바람에 펄럭입니다
서울에서 독도에서 한라에서 백두에서
세계만방의 창공에서 의젓하게 펄럭입니다

태극기는 대조선국의 표상
자랑스러운 대한민국의 국기
청홍백흑 건곤감리는
우주자연의 섭리이며
우리의 민족과 얼과 기상

청홍백흑 자랑일세
건곤감리는 화합 창조 번영
봄 여름 가을 겨울 사계절 자랑일세
피와 눈물로 지켜온 자랑스런 태극기
선열들의 애국정신 영원히 빛나리

시인·수필가화가. 명지대학교 문창과 졸업. 한국신문예문학회 회장, 아태문협 자문위원. 한국문인협회, 국제펜문학한국본부, 에세이작가회, 송현수필문학회 회원. 신문예문학상 대상 외, 시집 『목어의 눈』 외 수필집 『거울 속 세상으로』

# 황옥례

## 코로나에 피멍들다 외 2편

눈에 보이지도 않고 손에 잡히지도 않는
티끌보다 작은 너의 실체는 무엇이냐?
지구별에서 76억이 사는 인류는
코로나 19에게 포위당했다

사람들의 일상이 무너지고
자유는 모조리 저당 잡혔다.
세계 경제 혈맥도 막혀 경제 전쟁이
터질 것 같이 위태위태하고
먹고 사는 일마저 막막해지고 있다

코로나 19, 너로 인하여
전 인류는 가슴에 피멍이 들었다.

먼지보다 더 작은
바이러스를 이기는 것은 무얼까
흐르는 물에 비누로 30초 이상 손을 씻고
되도록 외출은 삼가하고
방역수칙을 잘 지키며 마스크를 꼭 쓸 일이다.
아직 백신이 없으니
마스크가 백신이란 것을 명심할 때…

## 시간의 길이

어느 수필가는 그의 글에서
비행운을 보고
시간의 길이를 알았다 하지만

나는 거울 속에서
이마에 흐르는 강물 줄기를 보고
시간의 길이를 알았다.

하늘의 구름이 하염없이 흐를 때
삼라만상이 생성되고 소멸하는 것에서
사랑하는 이들이 만나고 이별하는 것에서
한 줄기 빛 희미해질 때 더욱 또렷하다

수많은 관계와 더불어
인간 실격 속에서
계절의 간극間隙 사이
시간의 길이를 본다.

## 외롭지 않은 달

초사흘 실눈 떠
구름 너울 벗어 던지고
제 혼자 만월을 꿈꾸며
막 숲속을 뛰어나온다

무형의 달빛
간신히 훔쳐 본
임의 숨결이 부푼다

열나흘 밤
볼이 붉은 달
만삭을 앞둔
달은 숨이 차다.

# 수필

김만길
남정우
박소정
장해익

한국독도사랑 연합회장

## 김만길

### 민초가 설 곳은 어디인가?

공수처법 논란에 아무것도 모르고 먹고살기 바쁘고 질병이 난무하는 속에서 민초가 서야 할 곳은 어디인가?

내가 아는 상식으로 법이란? 도덕과 윤리 앞에 설 수있는 건 아니지 않는가? 도덕과 윤리가 맞지 않을 때 법의 존재가치가 있는 것인데 법이란 만들면 만들수록 그 안에서 오히려 얽매여서 벗어나려고 온갖 편법과 무성한 명분 싸움에 서로 이간질하고 개인주의가 되는 게 아닌가 라는 생각을 해보게 된다. 민주주의를 이룩하며 평화노벨상이라는 수상 받았던 김대중 대통령시절 한일 간 어업협정을 맺었을 때 국민이 알았는가에 대한 물음표가 생긴다. 그때 국회날치기 통과라는 오명을 안고 집행하여 일본이 우리 영해에 들어와 어업을 하고 물론 우리 또한 일본 영해에서 어업을 하지만 독도라는 목적을 두고 일본은 어업협정을 한국에 제시하지 않았는가.

우리는 이러한 것들을 보았을 때 과연 지금의 현실은 역사에 무슨 오점을 안겨 우리 후손들이 서로 누군과 싸우며 나아갈지 하는 고민을 한 번 해본다. 지금의 현실은 환경이란 오염으로 각종 질병은 더욱 생겨날 텐데 하는 걱정을 해보며 국가는 국민을 위해 국민의 체력과 환경의 중요성으로 집착해야 하지 않을까? 지금 법을 너무 운운하며 자기의 양심을 팔아가는 이 세상에서 자손들에게 무엇을 바라고 무엇을 이야기하고자 할 것인가?

거짓이 진짜인 것처럼 되고 진짜는 거짓 속에 묻혀 힘을 못 쓰고 세상은 요지경이란 노래처럼 되어버리고 있지 않나 라는 생각을 해본다. 서민을 살려야 하는 명분 아래 세금으로 복지복지하며 어려운 사람들에게 정기적으로 도움주고 있음으로 일해야 하는 사람들을 타락으로 만드는 건 아닌가하는 생각도 해보곤 한다.

옛말에 고기를 주기보다 잡는 법을 가르치라는 말이 있다. 또한 이쁜 자식 일수록 매를 주라고 했다. 그 매는 사랑의 매여야한다. 박정희 대통령이 독재를 하여 지금 말하는 인권이 유린되고 온전한 자유를 못 얻었다는 건 대한민국 50년 60년대 사람이라면 다 알고 있을거라 생각한다. 하지만 그때 우리에게 들었던 몽둥이는 사랑의 매가 아니었던가? 독재라는 것으로 그분의 진정한 마음을 왜곡하거나 합리화하여 진정으로 나라를 위한 사람을 어떠한 이유에선가 언제부터인가 안 좋은 생각으로 가는 일부 사람들 이 생겨 혼란하지 않은가? 60이 넘은 나로써 생각해 본다.

대한민국 국민들이여! 그 시대를 모르는 젊은세대들에게 정확한 눈을 뜨게 하여야 하는 것이 기성세대의 책임이 아니겠는가? 독일에 차관 빌려 이룩하고 경제개발5개년 계획하여 이룩한 이념은 어디로 갔는가? 경부고속도로 못한다고 할 때 박정희 대통령의 신념으로 하기 힘들었던 시절에 이룩하지 아니하였는가? 이러한 역사가 진실이건만 학교는 무엇을 하는가 역사와 도덕이 무너지는 나라는 곧 썩거나 죽은 나라가 아니겠는가!

과거 없는 현재가 있겠는가 또한 현재 없는 미래가 있겠는가 라는 물음을 하고 싶다. 서로간 생각이 틀린 것을 하나로 잡아가는 게 국가의 숙제가 아니겠는가? 그리하여 우리는 하나라는 것을 세계만방에 알려 국민들에게 불안이 아닌 평화로움을 주는 것이 맞지 않는가! 한국에 맞는 자유민주주의 국민에 의한 국민을 위한 진정한 법치가 되어 아름다운 조직을 형성하였으면 하는 마음으로 민초가 설 곳은 어디인가란 제목으로 민초 김만길이 주제넘게 제 생각대로 올립니다.

한국문인회 수필분과위원. 전)월간한올문학 상임이사. 한국신문예문학회 회원. 아태문인협회 운영위원. 한올문학상 수필부문 대상수상, 저서 『징검 다리 위에서』 외.

# 남정우

## 나라꽃 무궁화

어릴 적 초등학교 들어가기 전에는 언니를 따라다니며 나물을 뜯고 사방치기 하며 시간을 보냈었다. 그런 고향 집 울타리에는 여름부터 가을까지 이름 모를 꽃이 피어있었다. 싸리나무 울타리 중간중간에 잎사귀가 파랗고 청초해 보이는 꽃이 수줍은 듯 고개를 내보였다. 꽃잎은 보라색이고 속의 수술이 붉은 줄기로 피어있었고 꽃잎은 다섯 잎으로 나누어져 적당히 옆으로 살포시 펼쳐진다. 어린 시절의 나는 그 꽃을 보면서 단아하고 강인한 느낌을 받았었다.

키 큰 꽃나무는 옆집에도 뒷집에도 앞집울타리에도 심어져 있었다. 그 꽃을 가까이 가서 바라보며 멋지다거나 향이 있어 좋다고 말하는 사람도 없었던 것 같다. 그런데도 사람들은 왠지 모르게 이 집의 주인이라도 되는 듯이 믿음직스러워했고 가족같이 느끼는 감정을 어려서부터 느꼈었다. 그때는 그런 점들이 몹시 궁금했었다.

내가 여덟 살이 되어 초등학교에 들어가고 난 후 애국가와 무궁화 이야기를 선생님께 듣고 그 꽃이 우리나라의 국화임을 알게 되었다. 왜 어른들이 그 나무를 든든한 지킴 목처럼 대하는지를 이해하기 시작했다. 어느 날 오빠가 물을 주며 울타리에 있더라도 소중하게 잘 키워야 한다고 했다. 그렇게 어릴 적부터 무궁화 꽃은 어느 곳에나 있었다. 누구나가 기대하는 아름다움은 조금 적지만 이 나라와 국민을 상징하고 애국하는 소중한 꽃이라는 것을 배우며 자긍심을 가지고 자라왔다.

몇 년 전 말레이시아 보르네오 섬을 방문한 적이 있었다. 우리 동포가 운영하는 호텔에 들었다. 그 집 입구부터 현관에 이르는 길에 무궁화 꽃을 몇 십 미터를 이어서 심어놓았었다. 벅찬 감동이 밀려왔다. 조국을 생각하는 그 동포의 마음이 이해가 되고 너무 고맙게 느껴졌다. 세계 어디를 가도 단군의 자손들이고 한민족이 그 곳에 있음을 금방 알 수 있었다. 우리가 들어오는 것을 반기기라도 하는 듯이 무궁화는 이파리를 팔랑거리고 있었다. 은근과 끈기의 자태를 뽐내며 한국에서 다니러온 민족을 반기는 느낌이었다.

현재 살고 있는 집 주변에도 무궁화 꽃을 볼 수 있다. 많은 양의 무궁화는 아니지만 그래도 듬성듬성 화단이나 울타리 사이에서 자라고 있다. 그 꽃을 바라보며 지금 젊은이들은 나라꽃을 배우지도 않고 전혀 모르고 사는 줄만 알았다. 그런데 유치원에 다니는 손녀가 유치원 동급생 앞에서 발표할 주제의 꽃이 무궁화라며 제어미가 자료를 찾아주는 광경을 보았다. 유치원생 꼬맹이가 무궁화 꽃말과 정신을 알아야 한다며 외우고 있는 모습을 보니 흐뭇해서 다시 한 번 칭찬해 주었다. 다섯 살짜리 꼬마로부터 무궁화의 소중함을 유치원부터 철저하게 가르치는 대견스러움이 이 나라의 참교육이 아닌가 싶었다.

며칠 전이었다. 이제는 초등학교 1학년이 된 손녀는 미술시간에 무궁화 꽃을 그렸다며 보여준다. 수업시간에 그려온 무궁화 꽃을 보이면서 색칠이 잘되었는지 보란다. 자세히 살펴본 뒤 '아이고 우리 손녀! 우리 손녀 얼굴처럼 예쁘게 잘 그렸구나' 하며 웃자 '할머니, 이 꽃은 나라꽃이야 내 얼굴과 비교 하지 마세요.' 한다. 그러더니 이 꽃이 얼마나 귀하고 귀한 꽃인데 하며 웃는다. 아마 손녀 생각에는 무궁화가 자기 얼굴보다는 훨씬 더 예쁘고 귀하다는 생각이 드는 모양이다. 할미인 나는 손녀가 무궁화를 그렸기에 대견해서 한 말인데 조금은 부끄러웠다. 초등학생에게 나라의 소중함을 정신적인 지주로 심어주는 교육이 감사했다.

공부하고 있는 손녀 옆에서 나도 무궁화에 대해서 책을 찾아보며 공부하기로 했다. 꽃말은 '일편단심 섬세한 아름다움 은근과 끈기라고' 쓰여 있다. 무궁화의 크기는 대략 2m~4m라고 적혀있다. 분포는 아시아가 주이고 서식지는 배수가 잘되는 비옥한 땅이라 한다. 아욱과에 속하는 낙엽관목이고 온대 지방에서 주로 자라고 7월 -10월까지 약 100일 동안 줄기차게 피는 끈질기고 섬세한 꽃이라 적혀있다. 공해와 추위에 강하고 양지바르고 약간 건조한 곳에서 잘 자란다. 꽃은 새로 자라난 잎겨드랑이 사이에서 하나씩 피어나고 새벽에 피었다가 오후에 오므라들고 해 질 무렵에 떨어진다. 꽃의 밑 등에는 진한색의 무늬가 있는데 우리 민족의 근면성과 순결 강인함이 무궁화의 특성과 유사하여 선조들이 선택하여 나라꽃이 되었다고 한다. 최치원이 당나라에 보낸 국서에서도 신라를 '근화향 무궁화의 나라'라고 하였다 한다. 구당서에도 같은 기록이 있을 정도로 우리 민족과 깊은 꽃이다.

무궁화는 오랜 역사 속에서 일제 36년도 지켜보았고 우리 민족과 함께 슬픔과 기쁨 고통을 나누며 자연스럽게 성장하였다고 한다. 대한민국 단군의 자손들에게 사랑을 받아온 무궁화는 영원히 피고, 피고 나면 쉬 지지 않는 강인한 꽃이다.

자연이 어우러진 시골 마을에도 우리의 무궁화 꽃은 안정된 장소에서 믿음직스럽게 잘 자라고 있었다. 보는 내 마음은 반가웠고 잘 가꾸고 있는 주인의 손길이 고맙게 보였다. 또 한 번은 서해에 있는 귀화한 미국인이 불모지에 꾸며놓은 수목원을 간 적이 있다. 그곳에 아름다운 꽃을 심으며 이 땅에서 가난을 벗어나야 된다는 굳은 의지를 가지고 일구었다고 한다. 그곳에도 역시 이방인이지만 우리나라 꽃을 심어놓고 가꾸어놓은 모습에 감동을 받았다.

손녀는 자신이 그린 무궁화 꽃을 제 방 책상 위에 붙여놓고 기쁜 듯 바라보고 있다. 나는 손녀가 무척 대견스럽다. 그가 다니는 학교 화단에도 무궁화는 오늘도 피고 지고 한다. 유치원부터 무궁화와 태극기 애국가를 자세하게 가르치는 교육방침이 고마웠다.

돌이켜 생각해 보았다. 자라나는 어린 새싹들에게 조국의 표상과 뿌리를 알게 해주는 교육, 우리의 역사를 알게 하는 교육 방침을 생각하자 이제는 마음이 놓인다.

손녀뿐 아니라 이 나라의 후손들이 더 넓은 세상으로 나아가 자랑스러운 대한민국 국민으로 살아가며 나라 사랑의 근본을 잊지 않기를 기원해 본다. 그리고 민족과 나라를 사랑하고 지킬 줄 알고 몸 바쳐 이 땅의 파수꾼으로 거듭나기를 바랄 뿐이다.

화가·조각가·수필가. 성신여자대학교 미술대학 조소학과 졸업
성신조각회40회전. 일본 로마 독일 그룹전. 성신조각회46회전. 현대미술조형대전특선.
인사동국제문화박람회부스전. 한국도슨트협회 교육위원장. 현)상록갤러리 관장

# 박소정

## 인사동 도슨트

  솔솔 부는 가을바람에 몸을 맡긴 낙엽처럼 발길 닿는 대로 구경거리가 많은 한국인의 삶과 역사가 살아있는 박물관 인사동에 푹 빠져 가을을 보내고 있다.
  역사가 숨어있는 인사동을 좀더 잘 알고 싶어서 이 가을에 관심을 가져보기로 하였다.
  초입부터 조선시대를 연상케하는 한복 물결이 쉽게 눈에 들어와 나도 다음에 체험을 해보리라 생각을 하며 부러워 했다 외국인도 꽤 많이 눈에 띄었다 삼일운동의 발원지인 인사동은 조선시대 관인동의 인자와 대사동의 사자를 취하여 인사동으로 지어진 이름이다
  초입에 들어서자마자 통문관이라는 특별한 글씨가 눈에 띄었다.
  가장 오래된 서점이고 겸여 유희강선생님이 마지막으로 쓴 글씨라고 한다.
  좀 더 내려와 귀천이라는 카페에서 전통차 대추차를 마시면서 이시대의 마지막 순수시인 천상병 시인의 순수함을 생각해 보았다.
  좀 더 내려오면 인사동 골목을 한건물에 연결시켜 마치 달팽이처럼 올라가면 하늘공원에 있다.
  공예품전문 쇼핑몰 쌈지길은 인사동의 관광명소이다. 잼나는 구경거

리가 많아서 신이 났다.

옛 추억을 되살려 이것저것 사고 먹고 어린아이처럼 즐거운 시간을 갖고 아름다운 경인미술관에 들려서 한방다과와 차를 마시며 그 시절을 상상해 보았다.

경인미술관은 이금홍 씨가 1983년에 경인이라는 호를 붙여 개관한 미술관이었다.

한옥마을에 한옥을 기증하기도 한 이금홍 대표는 계간미술이라는 최초에 미술잡지를 출간한사람이기도 했다.

여섯 개의 전시실과 다원이 있는 경인미술관에서 한참을 쉬었다.

경관에 푹 빠져 일어설 줄 모르고 있다가 아쉬움을 남기고 전시중인 미술작품을 조용히 감상하고 민가 다헌 민병옥 사옥에 들렸다.

이집은 건축가가 두 자식에게 줄려고 지었다고 하는데 그 옛날 화장실과 목욕탕을 내부에 설계한 한국주택 변천에 중요한 자료가 되는 건축물이다.

화신백화점을 설계한 박길용 씨의 작품이라고 한다.

이어서 천도교중앙대교구당은 유형문화재 서울 제36호이며 천도교인들의 성금으로 지어진 이교당은 우리 역사의 중요한 역활을 한 곳이다.

삼일운동 때 독립선언서를 배포한 이곳은 김구선생님께서 이교당이 없으면 3·1운동이 없었고 3·1운동이 없었으면 상해임시정부가 없었을 정도로 항일운동의 거점인 이곳은 외벽에 박달나무꽃과 무궁화꽃을 새겨 민족의 요람을 상징한건물이다.

이처럼 인사동은 곳곳에서 3·1운동 숨결이 곳곳에 묻어 있는 곳이 많다.

시인·수필가·경영학박사, 고려대 경희대 대학원 졸업, 감사교육원장, 호서대학교 교수,
금산장학회재단 이사장 역임, 한국신문예문학회 명예회장, 한국문인협회·국제펜·아태
문협 자문위원, 국제문화예술협회 최고자문위원. 수필집『백 원짜리 인생』외 다수.

## 장해익 건청궁의 비명소리

가을이 무르익을 무렵, 비명에 간 명성황후를 생각하며 경복궁을 찾았다. 반평생에 걸쳐 수없이 찾아왔던 곳이다. 그 동안 경복궁도 많이 변했다. 올 때마다 정중동하며 변하고 있는 모습이 한국의 근대사를 재조명하고 있는 것 같다. 광화문네거리 북쪽에 우뚝 선 광화문은 태조(1395년)때에 세워져 전화로 두 차례나 소실되었다가 해방 후 시멘트로 복원된 적도 있었다. 다행히 지난해 광복절 날 목재로 복원되어 일반인에게 공개되었으나 광화문현판에 금이 가서 말썽이 나곤했다. 그래도 자랑스러운 문화재 복원이었다.

그동안 국권침탈의 상징적 건물인 중앙청도 해체되어 나갔고, 공직생활 중 시무식을 비롯한 체육대회 등 각종 행사에 참석했던 일들도 역사의 뒤안길로 사라졌다. 특히 젊음을 불태우며 중앙청 건물 돔 속에서 채광을 하고 금지된 영화를 감상했던 일들이 아련한 추억으로 남아있고 북문인 신무문 왼편에서 서슬 퍼렇게 울려 퍼졌던 군령소리도 그친지 오래다. 국립민속박물관과 미술관, 국립고궁박물관 건청궁 등이 신축되면서 경복궁은 꾸준히 변신하며 오늘에 이르고 있다.

오늘도 수문장 교대의식이 거행되고 있었다. 일본과 중국 등에서 온 관광객들 틈에 끼어 잠시 관람을 마치고 근정전을 돌아 경희루로 나왔다.

수필 375

경희루는 외국사신의 접대나 임금과 신하 사이에 벌어지는 연회장소로 사용할 목적으로 만들어졌다고 한다. 창건 당시에는 작은 누각이었던 것을 태종 때(1412)에 크게 연못을 파고 지금과 같은 규모로 확장하였다.

경희루는 조선왕조의 희비가 많이 엇갈린 곳이다. 어린 단종이 옥쇄를 수양 숙부에게 바친 곳이기도 하고 연산군이 연못 안에 만세산을 조성하고 그곳에 월궁을 꾸며 온갖 호화를 즐겼던 곳이기도 하다. 또한 연산의 동서인 중종이 반정공신들의 강압에 못 이겨 사랑하던 조강지처와 헤어져 그리움을 달랬던 곳이기도 하다. 그러나 임진왜란 때 모두 소실되어 경복궁이 중건될 때까지 나라에 가뭄이 들 때는 임금이 친히 기우제를 지내던 곳이 되기도 했다.

10월의 날씨가 유난히도 화창하다. 설악산에 단풍이 들고 있다는 언론보도 때문인가 구름 한 점 없는 하늘가 경복궁의 단풍나무와 은행나무도 가을을 채비하느라 정신이 없는 것 같다.

혼자서 4년 전에 복원된 건청궁으로 들어섰다. 원래 건청궁은 고종 10년(1873)에 아버지 흥선대원군의 섭정에서 벗어나 친정체제를 구축하고 정치적 자립의 일환으로 내탕금을 들여 신축하였다고 한다. 1884년부터 왕의 부부가 이곳에 기거하면서 정무를 처리하면서 한국 최초로 전등을 신설하는 등 신문물을 수용하고 근대화를 도모한 산실로서의 의미가 있는 건물이다. 건춘궁을 향원정 북쪽에 신축하면서 고위직 관료는 물론 아버지 대원군에게도 알리지 않고 비밀리에 짓다가 주변의 반대 의견이 빗발쳤지만 고종의 강력한 의지가 담긴 궁궐이었다. 고종의 침전 장안당과 명성황후의 침전 곤녕합과 부속건물인 복수당 등 20여 개 건물로 구성되어 있고 곤녕합은 명성황후가 시해된 을미사변의 현장이다.

건청궁은 조선왕조의 멸망과 함께 일제에 의거 철거되어 사라진 궁궐이었다. 광복 후 한때는 명성황후순국숭모비와 당시 이승만대통령이 쓰신 명성황후조난지비가 현장에 있었으나 지금은 모두가 여주로 옮겨지고 없다. 조국이 해방된 지 60여년이 지나서야 비로소 현 위치에 복원 된 셈이다. 궁 서편에 난 필성문을 들어서니 고종의 침전인 장안당이 나온다. 추수부용루秋水芙蓉樓란 누각 앞에 서니 남쪽으로 향원정과 그 넘어 멀리 남산타워가 바라보이지만 현재는 고층건물이 어지러이 들어서 있어 경관이 그리 탐탁지 않다. 한 세기 전 남산을 바라보는 풍광은 천하일품이었으리라! 사계에 따라 변하는 아름다운 경치를 만끽하면서도 소용돌이치는 국내외 정세에 약소국의 서러움을 달랠 길 없어 두 젊은 왕과 왕비는 밤잠을 설쳤으리라.

건청궁을 지을 때 옛 후원인 서현정 일대를 새롭게 조성하면서 향원지란 연못을 파고 그 한가운데 인공의 섬을 만들어 그 위에 육각형 정자를 신축하여 '향기가 멀리 퍼져나간다'는 향원정이라 이름 짓고 향원지를 건너는 다리는 "향기에 취한다"는 뜻의 취향교라 이름 지었다. 이들 이름 속에서 고종황제 부부의 고귀한 낭만적 취향이 뚝뚝 흘러나온다. 사광문을 들어서니 곤녕합의 옥호루가 나온다. 옥호루에는 사시향루四時香樓라는 간판과는 달리 그 장소는 간악한 일제 낭인들의 만행으로 명성황후가 시해되고 그것도 모자라 시신을 불태워버린 을미사변의 현장이 된 것이다. 고종은 등잔 밑이 어둡다는 속담처럼 왕의 침전만은 감히 침범하지 못하리라는 예상하고 왕후를 침전인 옥호루에서 고종의 침전인 곤령합으로 부르고, 그래도 안심이 되지 않아 왕후를 일반 궁녀와 같은 복장으로 궁녀들과 함께 앉혀 폭도들의 눈을 피하려는 조치를 취했으나 결국 변을 당하고 만 것이다.

왕실 수호와 국토방위 임무를 띤 조선 군대인 훈련대 일부는 일본 낭인들의 역모에 가담해 그들의 졸개로 궁궐 침입에 가세했고 연약한 궁녀들만이 일본 폭도들의 폭력에 항거하며 죽임을 당하자 궁녀와 함께 있던 황후가 자기의 신분을 밝히며 폭도들을 질타하자 그 자리에서 칼을 휘둘러 시해했다. 왕궁을 지켜야했던 1500명의 궁궐 경비병은 모두 겁을 먹고 무기와 군복을 벗어던지고 도주해 버린 건청궁에는 왕후의 질타와 절규만이 메아리 쳤고 연약한 궁녀들의 울부짖음만이 있었을 뿐이다.

왕후의 운명은 사후에도 기구하였다. 사후 3일 만에 김홍집내각에 의해 서인으로 폐위되었다가 후궁으로 승격되기도 했으나 사후 2년 만에 명성황후로 추증이 된다. 그 후 건천궁은 완전히 헐리고 대한제국을 설립하여 자주독립주권국가로 만방에 선포하나 결국 국권은 일본에 침탈당하고 만다. 다행히 조국해방과 동시에 건청궁은 복원되어 오늘에 이르고 있는 것이다. 오늘 새로 복원된 건청궁 역사의 현장을 찾아 순국 112주기를 맞아 비명에 간 황후의 명복을 빌어본다.

향원지 북쪽 왼편에 자리 잡은 열상진원洌上眞源샘가에 걸터앉으니 명성황후의 최후의 비명소리가 들려온다. 그리고 황후를 지키지 못한 죄책감에서 왕후 간택을 끝까지 반대한 고종황제의 일편단심 순애보가 향원정 앞에 아련히 떠오른다.

# 태극기선양문학회 현황

## 태극기선양문학회 임원 명단

회장　　　　**황선기**
부회장　　　**성기화**　(인일효요양원 원장)
이사　　　　**장재덕**
이사　　　　**이병학**
이사　　　　**정진출**
이사　　　　**방옥순**
이사　　　　**장동환**
감사　　　　**송영숙**
감사　　　　**김두례**
사무총장　　**박위광**　(푸르미봉사단 이사장)
편집주간　　**하옥이**　(신문예 주간, 도서출판 책나라 대표)
문화예술국장 **최수연**　(사)한국글로벌리더십교육협회 대표)
웅변추진단장 **박경수**　(대한민국최고연설중앙회 대표 )
웅변 부단장　**유성근**　(경기도웅변협회 一용인웅변학원 원장)


## 태극기교육 강사

**황선기** (태극기선양운동중앙회 회장)
**송명호** (태극기박사, 문화재위원)
**문병준** (태극기선양 군산, 고창, 부안 지회장)

# 태극기선양운동 50주년 기념집과
# 태극기선양문학지 발간 축하

태극기선양운동중앙회 고문단과 자문위원

<고문>
**이상헌**  방송작가 시인 칼럼리스트
**정진태**  한미연합 부사령관, 국가원로회 의장
**이성언**  심리학 박사, 한국능력개발원 회장
**지은경**  문학박사, 한국신문예 총회장
**박인서**  전)선린상고 총동문회장
**송부웅**  상고역사교육원 원장
**이보규**  21세기미래연구소 대표
**정기용**  나라사랑한국문인협회 회장, 국사편찬위원
**나경택**  칭찬합시다운동중앙회 총재
**박종래**  럭스건설그룹 회장, 월드멘토링협회 회장
**이강부**  전 교육위원회 부의장
**윤형모**  변호사
**송명호**  태극기박사, 대학교수
**권오정**  원로 목사
**정월하**  가요작사 작곡가
**최영숙**  사)행복주는글로벌다문화 대표이사
**김찬식**  사)박해모봉사단중앙 회장
**오혜정**  나라사랑총연맹 회장
**신복식**  한민족평화통일단체총연합회 회장
**함기철**  신한서재능경력대학원 이사장 겸 총장

<자문위원>
**김용진**  세계전뇌학습아카데미원장
**이창호**  이창호스피치리더십연구소 대표

임동학　대한민국지식포럼 명예회장
백옥례　파워지식포럼 총회장
노순규　한국사회교육협회 회장, 경영학박사
김정식　음력개천절복원 국민운동본부 대표
이점수　글로벌강사협회 회장, 대학교수
강용일　긍정심리학 강사, 국민행복멘토단 대표
박준수　커뮤니케이션학 박사, 전 교수, 한국TED강연 회장
김기현　칭찬대학교 총장 칭찬박사협회 회장
정택수　한국자살예방센터장
서병진　한국문예작가회 회장, 한국문예 발행인
엄경숙　하나예술원 원장, 꽃들힐링 원장
배정규　서울로미래로예술협회 회장
공세택　마술 및 웃음치료사
황옥례　한국신문예문학회 회장
임부희　동국대 평생교육원 교수
서필환　성공사관학교 교장
한종섭　백제문화연구회 회장
김용주　의료생활본부장, 나라사랑운동총연맹 자문위원
정인균　법무법인 준 변호사
성충모　문학박사, 세종교육문화진흥원 회장
배혁신　자연인, 전)탤런트
박준수　세계최고 강연기관 한국TED강연회 본부회장

&lt;예술단 MC&gt;
방옥순　전 예술단장
박근수　예술단장(노래강사)
최수연　한국글로벌리더십교육협회 대표
온사랑　문화예술 이사
정해정　문학 이사 (문학사랑 신문 발행인)
배건해　문학 이사 (농어촌체험단 단장 기정떡 대표)

조경연　문예 이사(국민행복나라원장, 레크리에이션, 웃음치료
최윤정　문예 부국장(노래강사)

<문학부문 운영진>
이상헌　방송작가 시인
지은경　문학박사, 문학평론가, 한국신문예 총회장
정기용　나라사랑한국문인협회 회장
황옥례　시인, 한국신문예문학회 회장
배정규　시인, 서울미래예술협회 회장
정해정　시인, 문학사랑신문 발행인
서비아　수필가, 문학박사
하옥이　신문예 주간, 도서출판책나라 대표

<마술부문 운영진>
정승재　마술사
강창구　마술사
황 휘　마술사
토니박　마술사 - 방옥순
채영근　마술사
공세택　마술 웃음치료사
최성자　마술 - 저글링

<음향부문 운영진>
김만길　독도사랑연합 회장 및 예술단 단장
박근수　노래교실 및 방송
방석근　예술공연 단장
장성철　구구팔팔공연예술단 단장
장동환　노래교실 강사 및 예술단 단장

# 사)태극기선양운동중앙회와 함께한
## 인기 트로트 가수 및 민요 국악인

<민요 국악인>
**박민희** 국악원 원장
**정혜정** 국악협회 관악지회장
**박장옥** 국악원원장
**임수경** 국악인
**단 비** 국악인
**홍서영** 국악인
**김영순** 국악인
**원미연** 국악인
**태 나** 국악인
**박 헌** 박헌경

<웃음치료>
**김정옥** 강사
**김봉선** 교수
**윤옥자**
**조영춘** 박사

<품바가수>
**박건이** 북춤 품바 - 각설이
**박종환** 각설이 품바
**안유라** 품바 각설이
**황유순** 북품

<버나명인>
**장 군**(상모돌리기)

<저글링>

최성자(곤봉연주 )

<하모니카 연주>
김영택(60년 연주가)
이상윤(오카리나 포함)

<색소폰>
김　덕 교수
조덕연 강사
김문기 연주가

<공수도>
임상진 관장

<인기가수>
환 이, 현 당, 조승구, 미녀와야수, 염수연, 송미나, 라성일, 김선미,
전 철, 강 철, 배 오, 김 진, 염정훈, 황태음, 송영광, 엄태웅, 지미휘,
나성웅, 전영월, 송지만, 백성민, 허현희, 김미애, 박나라, 차미미,
종 이, 지민성, 노래박, 최윤정, 정명훈, 강민서, 박건아, 방윤희,
김령호, 김영실, 이에나, 김정희, 김홍석, 도우성, 이예리나, 설 훈,
심현주, 연서희, 왕비비, 이 슬, 이양희, 이하정, 임희선, 진 희, 차선영,
최영애, 최영화, 최유리, 한소리, 현동현, 홍 비, 홍진삼, 한소라,
서예인, 금 진, 고은아, 유명주, 신인천, 송민호, 양순자, 이백배,
모규순, 걸스루피너스, 걸그룹, 비타민, 엔젤, 온사랑, 황유순, 임명숙,
이석필, 탁영옥, 서정례, 임미소, 장성철, 이진현, 경 미, 이옥순,
이에선, 문소리, 박정은, 박미경, 김복희, 신 철, 정든배, 연보라,
이명희, 장미자, 정현정, K잭슨, 황만섭, 이차연, 황경하, 임경주,
백건아(팝가수), 이재신(성악가), 안지연(성악가), 보리나, 강민서, 정영환,
심우석, 홍효원, 별아달아, 신서연, 심우종, 유가성, 김홍근, 송윤아,
유 수, 은 별, 주해옥, 엘 리, 김동산, 노윤아, 천병주, 고경민, 이진현,
장성철, 김초은, 이혜진, 나해성, 김혁민, 황윤정, 김초은, 이혜진,
나해성, 김혁민, 황윤정, 박신혜, 진 서, 이인용, 이정문, 김광식,

## 태극기선양운동 중앙회 50년 기념 및 《태극기선양문학》 창간호 출간을 축하

황미정 방옥순 정진출 박경수 이수구 성기화 보리나 김지현
차양심 박소영 이경영 우아미 조대현 정봉근 백영덕 서연지
정해정 최수연 박경애 황원자 배건해 은사랑 조경연 함춘근
안윤기 홍주표 전연호 임상진 박경애 백용찬 황만섭 신현숙
행복이 김정옥 경 미 김경수 김정자 이은이 박소정 박위광
김만길 장성철 나미애 강은혜 엄지연 홍 비 이영웅 노용구
정창영 송영숙 강남숙 김동흥 김정민 이귀순 박장옥 이진현
김해룡 김흥근 임정아 양재키 박승재 이백배 우정현 최성자
박숙자 신인천 안중태 조부호 이선화 한애택 김영택

(운영위원)

## 사)태극기선양운동중앙회 영등포지회

**이의복**    회장
**박명서**    자문위원장
**박옥임**    여성회장
**강순길**    수석부회장
**최종성**    부회장
**강용준**    여성부회장
**방명윤**    여성부회장
**장병우**    강원도 원주지회장
**김준규**    안양 지회장

# 황선기 회장의 약력과 연혁

충남 예산 출생
시인, 가수, 가요 작사가, 사진작가, 태극기교육 강사.
선린상업고등교 졸업, 국군군의학교 졸업
(사)태극기선양운동중앙회 회장
태극기선양문학회 회장, 글로벌강사협회 자문위원.
한국신문예문학회 자문위원, 문학신문 자문위원.
아태문인협회 지도위원, 문학사랑신문 운영위원장.
나라사랑문인협회 이사, 지식포럼고문, 나라사랑총연맹 고문.
전)대성목재 경리부 근무, 한일식품 경리과장, 삼천당제약 경리부장
저서 : 『태극기의 모든 것』

〈수상〉
인천광역시장상 수상(1989년)
행정자치부장관상수상(1993년)
영예의 대통령표창 수상(2007년)
도전한국인상수상 (전 장관, 현 국회의원)
태극기선양봉사활동 대한민국 최고기록 인증원 인증서
군단장 및 사단장 감사장
국방부장관상 대한민국호국상 제1회 수상
세계최고인 기네스 등재 (태극기선양 봉사활동 50년)
연락전화 : 010-5346-9998
E-mail : sunkii3900@hanmail.net


나라사랑 태극기선양운동 봉사활동 50년
국내외 최초 역사와 함께한 태극기전시회 개최
국회의사당 및 헌법재판소 국기게양대 설계
태극기책편찬 (제목 : 태극기의 모든 것), 태극기노래 작사 4곡
노래음반발표 (노래 : 태극기를 휘날리자, 자랑스러운 태극기
　　　　　　　　　예쁜 내 사랑, 태극기 등 4곡 발표)

창작시 문학신문보도 및 국내외 전시회 6회
(국회위원회관, 계양구청, 3·1절100주년기념시화전, 광복75주년 시화전 개최)
방송출연 : KBS, MBC, SBS, KTV, 교통방송 및 TV지방방송과 라디오방송출연
수상경력 : 행정자치부장관상, 영예의대통령표창장 수상

### <방송출연>

### KBS TV 및 라디오방송
아침뉴스 (김성진 아나운서)
전국은지금 (임성은, 왕영은)
아침의광장 (이계진 아나운서)
행운의스튜디오(이창호 아나운서)
교육방송 및 지방TV방송과 라디오방송 출연 다수

### MBC TV 출연
차인태 출발새아침 생방송/ 이종환의 한밤의응접실
특집뉴스 등 출연

### SBS TV 및 교통방송
모닝와이드 3월 1일 태극기달기 공동주최/ 교통방송(10회 이상) 출연

### KTV
아름다운 당신 30분 출연
태극기게양방법 홍보방송 출연

### 일간신문과 월간잡지
조선일보, 동아일보, 세계일보, 한국일보, 전우신문
인천일보, 경인일보, 인천신문, 경기신문, 스초츠신문
월간조선, 월간동아, 오늘의한국, 통일한국, 소년잡지
샘터, 참 좋은 사람들, 피플, 공감 기타 월간지 다수
1987년 대한민국 인물사책 등재

<국내최초로 추진한일>

국내외—최초 역사와 함께한 옛 태극기전시회 100회 개최
국내외—최초 태극기 교육운동 전개(1978년부터 태극기교육 실시)
국내외—최초 태극기 달아주기 행사 실시
국내외—최초 꽃태극기 연하장개발 무료 보급
국내외—최초 태극기도자기 상품 개발 보급
국내외—최초 도서지역 및 외국에 태극기 보내기 추진
국내외—최초 혈서 태극기그리기 및 대한독립만세 글씨쓰기 개최
국내외—최초 태극기선양 전국 어린이, 학생 웅변대회 개최
국내외—최초 태극기 의상 및 모자 머리띠 개발
국내최초—도로변 상가건물 태극기게양대 설치운동추진
국내최초—국기에 대한 규정 법률 또는 헌법 명시 등 격상 추진
국내최초—국기의 존엄성 함양을 위한 수기 관리 방법 제정 정부에 건의
국내최초—규격별 국기게양대 설치 방법 마련 정부에 제공
국내최초—대형 국기게양대 설치 추진—시군별
국내최초—방수태극기연구—방수태극기 제작 보급—정부에 건의로
국내최초—태극기에 대한 규정이 문교부고시와 총무처규정이 이원화
　　　　　되어 있어서 태극기가 국내와—국외 사용 방법이 다르게 돼
　　　　　있는 것을 정부에 건의
국기에 대한 규정—대통령령으로—격상 통합 시행
국회의사당 게양대 및 헌법재판소 건물 게양대 설계

<달라진 현재의 모습들>

* 태극기가—전국관공서와 대형 건물에 —24시간 게양되고 있음.
* 각 가정과 정부기관에서 방수 깃발이 게양되고 있음.
* 전국 각 시, 군과 고속도로변에 대형 국기게양대가 많이 설치돼 있음.
* 대한민국 국기법이 제정공포 시행되고 있음.
* 태극기에 대한 역사박물관이 생겨나고 있음.
* 문화재 태극기가 많이 탄생했음(역사적 사료가치 태극기).

<현재의 사회활동>
어린이집, 초중고학교, 군부대, 경찰청 등 태극기교육 강의
가수와 시인 가요작사 등 창작, 공연 활동으로 태극기 홍보

<현재의 단체 사회활동>
1) 사)태극기선양운동중앙회 회장
2) 문학신문 자문위원
3) 대한민국지식포럼 고문
4) 나라사랑총연맹 고문
5) 국민행복멘토단 고문
6) 글로벌강사협회 자문위원
7) 문학신문인천계양지회장
8) 태극기선양예술단 단장
9) 문사랑신문운영위원장
10) 한국신문예, 한국문예, 나라사랑문예 자문위원 및 이사로 활동.

<태극기책 편찬 및 노래 작사>
책표지 제목 : 『태극기의 모든 것』
최초 발행일 : 2010년 10월 10일

<노래 작사곡>
1. 태극기 1988년
2. 태극기를 휘날리자 (2009)
3. 자랑스러운 태극기 (2015)
4. 예쁜 내 사랑 (2016)

<음반발표>
1. 태극기를 휘날리자 (2010년)
2. 자랑스러운 태극기 (2016년)
3. 예쁜 내 사랑 (2016년)
4. 태극기 (2020년)

<현재 추진하고 있는 사업(2020년)>
1) 태극기교육 (강의)
2) 역사와함께한 태극기전시회
3) 태극기보급
4) 국경일 태극기게양운동추진
5) 태극기선물주기운동추진
6) 태극기바르게 달기운동추진
7) 대형국기게양대 설치운동추진(시,군,구)
8) 태극기박물관 건립추진
9) 가요작사와 공연활동 태극기노래로 태극기교육 및 게양홍보
10) 시 수필 등 문학활동을 통하여 태극기와 자연사랑 교육홍보
11) 태극기노래 음반 제작 (태극기교육 홍보용)
12) 창작시 유명 작가들과 함께 시화전 개최
13) 교육용 태극기책 및 시화집 편찬


\* 책의 내용 중 일부는 인용하였음을 밝힙니다 \*
    행정안전부발행 : 태극기
    국립중앙박물관발행 : 태극기
    민족사상선양사 발행 : 태극기해설
    김종호 저자의 : 태극기해설
    한글학자 한가수 : 태극기해설
    송명호, 송교송 님의 : 글과 그림

(사)태극기선양운동중앙회 창간호

# 태극기선양문학

초 판 인 쇄 2021년 2월 25일
초 판 발 행 2021년 3월 1일

엮 은 이 황선기
펴 낸 이 하옥이
펴 낸 곳 도서출판 책나라
등       록 제110-91-10104호(2004.1.14)
주       소 서울시 은평구 통일로 63길 7, 1층
            ㉾ 03375
전       화 (02)389-0146~7
팩       스 (02)389-0147
홈 페 이 지 http://cafe.daum.net/sinmunye
이 메  일 sinmunye@hanmail.net

값 20,000원

ⓒ 황선기, 2021
ISBN 979-11-86691-90-8   03810

* 이 책 내용의 전부 또는 일부를 재사용하려면
  저작권자와 도서출판 책나라 양측과 협의하여야 합니다.
* 저자와의 협의에 의하여 인지를 생략합니다.
* 파본은 구매 서점에서 교환하여 드립니다.